»Entweder Sie husten oder ich spiele«

»Entweder Sie husten oder ich spiele«

Anekdoten aus der Welt der Musik

Gesammelt und neu erzählt
von Hans Martin Ulbrich

Mit einem Geleitwort
von Paavo Järvi

2019, 2022 Philipp Reclam jun. Verlag GmbH,
Siemensstraße 32, 71254 Ditzingen
Durchgesehene Ausgabe 2022
Umschlaggestaltung: zero-media.net
Umschlagabbildung: FinePic®
Druck und buchbinderische Verarbeitung:
Friedrich Pustet GmbH & Co. KG,
Gutenbergstraße 8, 93051 Regensburg
Printed in Germany 2024
RECLAM ist eine eingetragene Marke
der Philipp Reclam jun. GmbH & Co. KG, Stuttgart
ISBN 978-3-15-011230-4

Auch als E-Book erhältlich

www.reclam.de

Inhalt

Geleitwort

Andere sammeln Gegenstände. Hans Martin Ulbrich sammelt Anekdoten, schon ein Musikerleben lang. Dass ihm da über die Jahrzehnte eine reiche Fülle von wundersam bunten (Musik-)Geschichten im ausgeworfenen Netz hängen geblieben ist, erstaunt nicht. Er hat die besten eingesammelt, nacherzählt, ihre Pointen gespitzt – und er macht die Leserin und den Leser schon von der ersten Seite an neugierig auf das vielfältige Kulissengeflüster.

Paavo Järvi

»… und einen solchen Menschen willst du heiraten?«

Der sechsjährige Sepperl, **Joseph Haydn**, wurde von seinen Eltern nach Hainburg an die Donau geschickt. Dort lernte er Lesen und Schreiben, Katechismus, Singen und fast alle Blas- und Saiteninstrumente sowie das Paukenschlagen. Rückschauend berichtete er: »Ich verdanke diesem Manne [dem Schuldirektor] noch im Grabe, dass er mich zu so vielem angehalten hat, wenngleich ich dabei mehr Prügel als zu essen bekam.«

Wolfgang Amadé Mozart schrieb am 13. November 1777 an seinen Vater, er sei enttäuscht, weil er für seinen Auftritt beim Intendanten Graf Louis Aurel Savioli kein Honorar erhalten habe und fügte hinzu: »… Es war so wie ich mir es eingebildet habe: nichts in Geld, eine schöne goldene Uhr, welche man mit Ketten und Devisen auf 20 Carolin schätzt. Auf der Reise braucht man Geld. Nun habe ich mit dero Erlaubnis 5 Uhren. Ich habe auch kräftig im Sinn, mir an jeder Hosen noch ein Uhrtaschl machen zu lassen, und wenn ich zu einem großen Herrn komme, beide Uhren zu tragen (wie es ohnehin jetzt Mode ist), damit nur keinem mehr einfällt, mir eine Uhr zu schenken.«

Über **Ludwig van Beethoven** erzählte sein Schüler **Ferdinand Ries**: Im Wiener Gasthof zum Schwanen habe der Komponist beim Anblick einer »unrechten Schüssel mit einem Lungenbratel mit reichlicher Brühe« recht unmanierliche Worte zum Kellner gerufen, welche dieser »nicht eben bescheiden erwiderte«, worauf Beethoven ihm mit einem Hieb gegen die Schüssel die Brühe ins Gesicht spritzte. Ein lautstarker Streit entstand. Die Gäste lachten, wohl weniger über den peinlichen Vorfall als über den Kellner, der zugleich noch »mit Wiener Geschick« andere Schüsseln balancierte und sich inzwischen, Grimassen schneidend, die Brühe aus dem Gesicht leckte.

Beethoven, der mit seinen Freunden launisch umging, schrieb im Januar 1823 an seinen Vertrauten und Biografen Anton Schindler in Wien: »Sehr Bester! Gemäß folgendem Hati Scherif* habt ihr euch um halb 4 heute Nachmittag im Mariahilfer Kaffeehaus einzufinden, um euch über verschiedene strafbare Handlungen zu vernehmen. Sollte dies[e]r H. S. euch heute nicht finden, so seid ihr morgen um halb 2 uhr verpflichtet, euch bei mir einzufinden, wo ihr nach genossenem Wasser u. Brot euch in einen 24-stündigen Arrest zu begeben habt. –
    L. V.!! = *̈Bthven*«

(* Mit »Hatt-i-Scherif« wurden Kabinettsorder der türkischen Sultane bezeichnet, gegen die keine Kritik erhoben werden durfte.)

Zum 70. Geburtstag **Gioachino Rossinis** sammelte sein Freundeskreis die enorme Summe von zwanzigtausend Francs, um dem gefeierten Komponisten ein Denkmal zu errichten. Als Rossini dies hörte, rief er wütend: »Welche Verschwendung! Gebt mir das Geld – ich stelle mich selber hin.«

Rossini probte in Paris seine Oper *Der Barbier von Sevilla.* Weil der Oboist Henri Brod sich an einer Stelle verspielt hatte, meinte der dirigierende Komponist: »Es ist mir lieber, wenn Sie *f* blasen. Ihr *fis* ist zweifellos auch schön, aber lassen Sie uns doch eine Stelle suchen, wo es hinpasst.«

César Francks Erfolge als Komponist hielten sich lange in Grenzen. So wurde auch die Uraufführung seiner einzigen Symphonie in d-Moll am 17. Februar 1889 von Ewiggestrigen verunglimpft. Einer der Lästerer, ein Professor des Conservatoire de Paris, hatte gegenüber Vincent d'Indy maliziös verlauten lassen: »Das soll eine Symphonie sein? Mein Herr, hat man je gesehen, dass jemand in einer Symphonie ein Englischhorn verwendet hätte? Nennen Sie mir eine

Symphonie von Haydn oder Beethoven mit diesem Instrument … Somit sehen Sie, dass diese Musik Ihres Franck niemals eine Symphonie sein kann.«

Am 19. April 1890 wurde Francks Streichquartett in D-Dur im Rahmen der Société Nationale, in der Pariser Salle Pleyel, aufgeführt. Das Publikum applaudierte stürmisch, erhob sich von den Sitzen, forderte das Erscheinen des belgischen Komponisten auf dem Podium. Anderntags, Monate vor seinem Tod, meinte Franck: »Endlich beginnt mich das Publikum zu verstehen!«

Albert Lortzing verbrachte sein letztes Schaffensjahr in Berlin. Sein Salär als Kapellmeister des Friedrich-Wilhemstädtischen-Theaters war bescheiden, weshalb ihn Existenzsorgen plagten. Eines Tages hörte er einen Leierkastenmann, der gerade ein Stück aus einer Oper herunterleierte. Als Lortzing dem Musikanten einen Groschen in die Kasse warf, meinte dieser: »Mehr ha'm Se nicht übrig für diese scheene Musike?« Lortzings Antwort: »Eigentlich müsste ich die Hälfte des Groschens für mich behalten. Sie haben die Musik zwar zum Klingen gebracht, ich aber habe sie komponiert.« Der Musikant spielte nämlich nichts anderes als seinen Holzschuhtanz aus *Zar- und Zimmermann*.

Antonín Dvořák spielte seinem Freund Josef Bohuslav Foerster am Klavier sein *Requiem* vor. Da erschien unerwartet **Anna Dvořáková**, die Gattin des Komponisten.

»Um Himmels Willen«, rief sie. »Was treibt ihr denn da?«

Tief versunken sagte Dvořák: »Wir stecken im Rauch.«

Seine Gattin schraubte den Docht einer Petrollampe nieder – Dvořák spielte unbeirrt weiter. Doch bald donnerte die Gattin erneut: »Um Himmels Willen, merkt ihr denn nicht, dass die Lampe schon wieder qualmt?! Wo habt ihr denn eure Nasen hingetan?« Dann raunte sie: »Sie spielen und spielen drauflos, die reinen Narren ...«

Diesmal schraubte Foerster den Docht zurück. Nach seiner Schilderung sah Dvořák inzwischen aus, »wie der Mohr in der *Zauberflöte*«. Die Fenster wurden aufgerissen, die Noten, Klaviertasten und das Pult abgewischt – schon wollte sich Dvořák wieder ans Klavier setzen – da sagte seine Gattin: »Geht euch waschen!« Also wurden Gesichter und Hände in der Küche »einer gründlichen Reinigung unterzogen«. Danach überwachte Anna Dvořáková das weitere Geschehen – während ihr Ehemann sein *Requiem* zu Ende spielte.

Johannes Brahms

Die Nádraží cisaře Františka Josefa, Praha – der Kaiser-Franz-Josef-Bahnhof in Prag übte eine fast magische Anziehung auf **Antonín Dvořák** aus. Sein täglicher Morgenspaziergang führte stets in diesen Bahnhof, wo er mit Kennerblick die dort stationierten Lokomotiven in Augenschein nahm. Er notierte sich die »Opuszahl« der Dampfrösser sowie die Namen der

Lokomotivführer. Später, als Professor am Konservatorium, schickte er sogar Studenten hin, die ihm zu berichten hatten, welche Lokomotiven welchen Expresszügen vorgespannt worden waren. Als Dvořáks Lieblingsschüler, der spätere Schwiegersohn Josef Suk, versehentlich die Nummer des Kohlentenders nannte, statt jene der Lokomotive, scherzte der Komponist mit seiner Tochter: »… und einen solchen Menschen willst du heiraten?«

Johannes Brahms war oft zur Stelle, wenn es galt, Not zu lindern oder Freunden beizustehen. Seinem Vater legte er einmal zwischen ein paar Bibelseiten einige Banknoten, mit der Anmerkung, er möge in Notzeiten in der Heiligen Schrift Trost suchen.

Friedrich Hegar, Chefdirigent des Tonhalle-Orchesters Zürich von 1868–1906, erzählte, Brahms habe bei ihm ein paarmal in der Gemeindegasse in Zürich-Hottingen »auf dem Sofa genächtigt«, weil er spätabends sein Wohnquartier am Zürichberg nicht mehr aufsuchen wollte. Als einmal gleichzeitig ein anderer Gast Hegar um ein Nachtquartier bat, trat ihm Brahms sein Sofabett ab und legte sich auf den Parkettboden unter dem Flügel. Bereits um fünf Uhr stand er wieder auf und verkündete, herrlich geschlafen zu haben.

Je berühmter **Brahms** wurde, desto raffinierter gingen Autogrammjäger vor, um zumindest in den Besitz eines kleinen Schriftstücks des Meisters zu gelangen. Eines Tages erhielt er einen Brief aus Solingen, indem es hieß: »Die von Ihnen bestellte Sendung von zehn Dutzend echten Solinger Klingen wird demnächst bei Ihnen eintreffen. Den Betrag erlauben wir uns durch Postnachnahme demnächst zu erheben.«

Brahms durchschaute den Schwindel. Er reagierte nicht und die Sendung traf nie ein.

Im *Lehrbuch der Geographie für gehobene und höhere Lehranstalten* von Carl Baenitz und Ferdinand Kopka von 1884 wird die Abbildung eines »typischen Kaukasiers« präsentiert. Gezeigt wird ein würdiger älterer Herr mit zielbewusstem Blick und einem mächtig herabfließenden Bart. Die Schüler konnten allerdings nicht wissen, dass ihnen **Johannes Brahms** entgegenblickte.

Der Komponist **Leoš Janáček** hatte einen speziellen Humor. Im August 1927, ein Jahr vor seinem Tod, schrieb er seiner Frau Zdenka aus Luhačovice: »Heute gehe ich, um den Arzt zu bezahlen und festzustellen, ob alles sauber ist. Die Hosentasche ist sauber [...]. So werde ich ganz bestimmt am Freitagnachmittag kommen. Womit wirst Du mich empfangen? Mit Kartoffeln und Sauermilch? Mit einem jungen Hasen oder einer jungen Gans? Und mit einem Glas guten Biers? Für den Sonntag brate eine Gans.«

Eine Pressenotiz ging um die Welt: **Giacomo Puccini** habe sich bei einem Autounfall ein Bein gebrochen. Der Komponist nahm den Unfall nicht tragisch, er war dankbar, dass ihm nichts Schlimmeres widerfahren war. Als er im Krankenhaus eingegipst wurde, scherzte er: »Es wird bereits an meinem Denkmal gearbeitet. Das rechte Bein wird bald fertig gestellt sein.«

Nach einer Schilderung des Soziologen Wolf Lepenies bat **Richard Strauss** 1905 seinen Freund **Romain Rolland** eindringlich, ihm bei seiner Arbeit an der französischen Fassung seiner Oper *Salome* behilflich zu sein. Rolland sagte zu und korrigierte nahezu zweihundert Textstellen. Als an der Generalprobe dieser Oper **Clément Armand Fallières**, Präsident der Republik, und vier weitere Minister teilnahmen, flüsterte jemand Strauss zu, der Präsident habe die Absicht, ihn mit dem Verdienstorden ›Officier de la Légion d'Honneur‹ auszuzeichnen. Darauf antwortete der Komponist: »Ich hätte es wirklich verdient.«

Anlässlich seines 70. Geburtstags im Jahr 1934 dirigierte **Strauss** in Basel seine Oper *Arabella*. Als er nach einer Orchesterprobe auf die Bühne kam, fragte ihn ein Kapellmeister: »Wie gefällt Ihnen unsere Einstudierung? Wir haben uns bemüht, alles sehr exakt zu erarbeiten.«

Strauss entgegnete: »Ja, exakt, sehr exakt – aber sagen Sie, lieber Freund, warum wollen Sie es denn so exakt haben?«

In London machte sich jemand in einer Abendgesellschaft über die Kompositionen des letzten deutschen Kaisers, Wilhelm II., lustig. Da mischte sich der anwesende **Richard Strauss** ein, um zu verkünden: »Es ist unvorsichtig und auch unklug, sich über die Kompositionen gekrönter Häupter zu belustigen, weil man nie weiß, wer diese Werke komponiert hat.«

Vor der Dresdner Uraufführung von **Strauss'** *Die schweigsame Frau* monierte der Komponist in einer Probe: »Das Orchester ist zu laut!« Der angesprochene Dirigent, **Karl Böhm**, hielt dagegen: »Herr Doktor, schauen Sie sich die Partitur an! Wie soll die Cebatori da durchkommen?«

Über Richard Strauss' Reaktion wird berichtet: »Er murmelte etwas, nahm aber brav die Partitur … ergriff eine rote Feder, strich Verdoppelungen weg, machte

Richard Strauss

aus einem *mezzoforte* ein *piano*. Und schließlich waren die Sänger zu verstehen.«

Der Komponist **Erik Satie**, mit 21 Jahren des familiären Lebens in Honfleur überdrüssig, bezog in der Pariser Rue Condorcet im 9. Arrondissement ein bescheidenes Zimmer. Laut seinem Freund Patrice Contamine de Latour nahm er dort seine Kleider, schnürte sie zu einem Ballen, zog ihn über den Fußboden, trampelte darauf herum, übergoss ihn mit verschiedenen Flüssigkeiten, zerfetzte die Stoffe. Dann zerschnitt er seinen Hut, zerstörte seine Schuhe, zerriss seine Krawatte. Fortan war er ein Bohemien, trug Kleidung aus groben Baumwollstoffen, ließ sich Bart und Mähne wachsen und verdiente sich im Café de la Nouvelle Athène an der Place Pigalle und im Cabaret Le Chat Noir mit Klavierspielen ein paar Francs.

In reiferen Jahren war Satie ein kreativer Experimentator. In seinen Kompositionen verzichtete er gelegentlich auf übliche Satzbezeichnungen. Stattdessen setzte er Titel wie:

- Drei Stücke in Form einer Birne
- Schlaffes Präludium für einen Hund
- Vergraben Sie den Ton in Ihrer Magengrube
- Öffnen Sie den Kopf
- Wie eine Nachtigall mit Zahnschmerzen
- Unappetitlicher Choral

Max Reger sandte Freunden ein Foto von sich, das sie als Kopie bereits besaßen. Als sie der Komponist danach einmal besuchte, hatten seine Freunde die beiden Porträts nebeneinander auf einen Karton geklebt. Das eine Foto war auffallend dunkel, das andere hell. Regers Kommentar: »Max Reger vor und nach dem Bade.«

Der Maler **Max Oppenheimer** berichtete über den Komponisten **Arnold Schönberg**: »Es war die Zeit geistiger Hochspannung. Eine neue Kunst kam herauf. Die alte schied nicht ohne Kampf und unter Protest. Um diese Zeit malte ich sein Porträt. Er lief in meinem leeren Atelier herum. Eine Schulter vorgeschoben, als stemme er sich gegen eine Welt.

Abends war Konzert. Eine kleine Symphonie [Schönbergs] hatte Missfallen erregt. Die Besucher tobten. Sie schrien: Aufhören! – Gemeinheit! – Ist das Musik? – Tauber Esel! – Schluss mit den Kakophonien! – Schwindel! – Humbug – Aus … raus.

Nach dem zweiten Stück, den *Gurreliedern*, kam, zuerst zögernd, dann lauter, Beifall. Schönberg stand ungläubig, als hätte er nicht recht gehört, dann schob er eine Schulter vor, wie am Vormittag beim Malen, und sagte resigniert: ›Hört's, sie klatschen, i glaub' es is doch schlecht.‹«

Als der visionäre **Charles Ives** Jahrzehnte nach der Uraufführung seiner *3. Symphonie* im Jahr 1947 endlich den begehrten Pulitzer-Preis erhielt, verschenkte er das Geld zur Hälfte an seinen Förderer Lou Harrison und den Rest an andere. Aber er kritisierte, Preise seien etwas für Mittelmäßige, und wenn schon, für Schuljungen – er sei ja längst kein Kind mehr.

Béla Bartók, auf die zahlreichen Musikwettbewerbe angesprochen, meinte: »Wettbewerbe sind etwas für Pferde, nicht für Menschen.«

Auf Einladung von Maja und Paul Sacher verbrachte **Bartók** im August 1939 ein paar Wochen im Châlet Ällen in Saanen, im Berner Oberland. Die beiden Mäzene hatten ihm diesen Aufenthalt ermöglicht, damit er sein *Divertimento für Streichorchester* ungestört komponieren konnte. Von dort aus schrieb Bartók an seinen Sohn Béla: »Ich wohne ganz allein in dem volkskundlich interessanten Bauernhaus. Herr und Frau Sacher sorgen aus der Ferne vollständig für mich. Sogar ein Klavier haben sie aus Bern hierhergeschafft. Sein Eintreffen war für den 2. August 10 Uhr angekündigt, und denk Dir, sie sind nicht am Nachmittag damit eingetroffen, wie das zu Hause bei uns [in Budapest] üblich wäre, sondern schon um ein Viertel vor 10 Uhr.«

Laut Rolf Liebermann war **Igor Strawinsky** einmal auf einem Flug von Chicago nach Los Angeles damit beschäftigt, auf Toilettenpapier akribisch eine Zwölftonreihe auszuklügeln. Offensichtlich hatte er sich in den Schlingen einer neuen Komposition hoffnungslos verheddert. Das Duell zwischen dem Schöpfer und seinem Stoff habe ganze drei Stunden gedauert. Nur

Igor Strawinsky

fünf Minuten vor der Landung sei Strawinsky die Serie geglückt. Danach habe er »quietschvergnügt« gewirkt.

Strawinsky dirigierte sein Oratorium *Threni*, das mit Solisten, dem Norddeutschen Rundfunk-Chor und dem NDR Orchester besetzt und in den Jahren

1957/1958 für die *Biennale* in Venedig komponiert wurde. In der Konzertpause bat ihn ein Konzertbesucher um ein Autogramm und reichte ihm die leere Seite eines Buches. Unwirsch fragte Strawinsky: »Was ist das?«

Er las den Buchtitel: Théodore Strawinsky – *Igor Strawinsky, Mensch und Künstler*. Sogleich wurde der Komponist zugänglicher: »Mein Sohn hat das Buch geschrieben. Ja, es ist serr gutt, alles stimmt. Serr lesenswert!«, und er signierte sogleich: *I. Stra*. Und dem nachfolgenden Autogrammjäger schrieb er eiligst ins Programmheft: *winsky*.

Maurice Ravel und **Arturo Toscanini** gerieten sich einmal in die Haare, führten einen erhitzten Wortwechsel und verursachten eine »cause célèbre«. Wie es dazu kam? Toscanini, der Ravels *Boléro* 1930 mit dem New York Philharmonic in Paris provokativ zu rasch dirigierte, hatte den Komponisten mit dem »falschen Tempo« sehr verärgert. Toscanini war jedoch der Meinung, ein Boléro sei kein Trauermarsch. Er hatte nach dem Konzert versucht, Ravel umzustimmen. Doch der Komponist beharrte standhaft auf seiner Tempoangabe.

Ein heiteres Werk des Komponisten **Darius Milhaud** heißt *Cocktail aux clarinettes*. Sein Rezept für einen

Barmann, der den Text, von vier Musikern (Es-, B-, A- und Bassklarinette) begleitet, frei wie ein Rezitativ zu singen hat, lautet: »Füllen Sie einen Mixbecher zu drei Vierteln mit zerstückeltem Eis. Fügen Sie hinzu: Einen Kaffeelöffel Zitronensaft, vier Tropfen Angostura Rum, einen Kaffeelöffel Absinth, ein kleines Bordeauxglas voll Gin. Befeuchten Sie den Rand des Bechers mit einer Zitronenscheibe und fügen sie wenig Puderzucker hinzu. Schütteln Sie das Ganze kräftig und füllen Sie es in das vorgesehene Glas. Schaben Sie etwas Muskatnuss hinein. Krönen Sie das Getränk mit drei Cocktailkirschen und servieren Sie es mit einem großen Trinkhalm.«

Arthur Honegger wurde von einem Radioreporter interviewt. Seine Arbeitsweise als Komponist erklärte er wie folgt: »Der gemahlene Kaffee auf dem Filter, das ist die musikalische Idee. Das darüber gegossene Wasser entspricht der Inspiration. Daraus entsteht eine Mischung, bei der es nur auf die Kaffeesorte und nicht auf das Wasser ankommt.«

Paul Hindemith hörte sich in einem Konzert der Basler Musikakademie seine *Oboensonate* an, vorgetragen von einem jugendlichen Musiker, der im Anschluss den Komponisten schüchtern um ein Urteil bat. Hindemith sagte zunächst nichts, dann aber:

»Spielen Sie ganz genau was dasteht. Ich habe die Druckvorlage durchgesehen, es sind keine Fehler vorhanden. Nun müssen Sie sich nur noch genau daran halten.«

Die Erfahrungen des polnischen Komponisten **Witold Lutosławski** mit Musikern, die seine Werke aufführten, waren oft enttäuschend, weil sie diese nicht zu seiner Zufriedenheit darbieten konnten. Umso erfreulicher war dafür die Begegnung Lutosławskis mit dem **La Salle Quartett**. Kurz vor der Uraufführung seines *Streichquartetts* (1964) spielten ihm die Musiker in einem Hotel in Helsinki sein Werk vor. Der Komponist war beeindruckt und meinte: »Lassen Sie alles wie es ist. Ändern Sie nichts; es ist wunderbar!«

Sir William Walton wurde auf der Insel Ischia in seinen Giardini la Mortella von einem frommen Komponistenkollegen aufgesucht, der ihm eines seiner Werke vorlegte und meinte: »Dr. Walton, Gott hat mir dieses Werk geschenkt.«

Walton tat einen Blick in die Noten, schüttelte den Kopf und zerriss sie mit der biblischen Begründung: »Der Herr hat es gegeben, der Herr hat es genommen, der Name des Herrn sei gelobt.« (Hiob 1,21)

Ken Jones, als Musiker vielseitig tätig, begrüßte im südostenglischen Bishopstone einen Mitbewohner, der sich in Begleitung eines Oboisten befand. »Kommen Sie doch zu einem Tee«, meinte Jones. Der Oboist bedauerte: »Schade, das geht leider nicht. Ich habe in Newhaven bereits die nächste Fähre nach Frankreich gebucht.«

»Wann kommen Sie wieder?«

»Wahrscheinlich in etwa drei Jahren.«

»Wunderbar! Ich werde den Tee unterdessen für Sie warm stellen.«

Der Komponist **Karlheinz Stockhausen** berichtete der *Sunday Times*: »Es gibt Vogelarten, auf die ich ausgesprochen positiv reagiere. Adler haben es mir besonders angetan. Durch meine Erfahrung mit Träumen weiß ich, dass ich in einem früheren Leben einen Vogel dieser Art verkörpert habe. Ich spüre das Fluggefühl genau und nehme wahr, wie es sich im Körper eines solchen Vogels lebt.«

Rudolf Kelterborn bekam von seinen Studenten in der früheren Nordwestdeutschen Musikakademie Detmold einen Knittelvers präsentiert, den der beliebte und gestrenge Professor souverän lächelnd über sich ergehen ließ: »Gott schuf in seinem großen Zorn den Komponisten Kelterborn.«

Heinz Holliger

Philip Glass ist als Komponist von Opern, die bekannte Persönlichkeiten wie Kolumbus, Einstein und Lincoln thematisieren, berühmt geworden. Vom *Tages-Anzeiger* über den wichtigsten Einschnitt für die amerikanische Gesellschaft der letzten Jahre befragt, kam seine Antwort blitzschnell: »Ich fürchte, das ist die [im November 2016] erfolgte Präsidentenwahl.« Als ihn darauf der Interviewer Michael Struck-Schloen fragte, ob er beabsichtige, eine Oper über Donald Trump zu schreiben, rief der Komponist empört:

»O nein – verkrachte Persönlichkeiten interessieren mich nicht. Tut mir leid, falls Sie ein Freund dieses Präsidenten sind!«

Dem wirkungsstarken Komponisten, Oboisten, Dirigenten und Pianisten **Heinz Holliger** wird nachgesagt, er sei im Durchsetzen seiner Absichten unerbittlich. Er fordere viel und stecke seine Horizonte weit. Als Holliger einmal Schuberts Bühnenmusik *Rosamunde* dirigierte, irritierte er den Oboisten **Simon Fuchs**. Holliger unterbrach ihn oft und gab seinem hochbegabten Kollegen zahlreiche Spielanweisungen, so dass Fuchs schließlich verzagt ausrief: »Aber er hat doch nicht meine Seele!«

Der Komponist und Flötist **Gérard Zinsstag** trug einst auffallend lange Haare und einen üppigen Bart. Einmal warf der Dirigent **Ferdinand Leitner** einen Blick auf ihn, kräuselte seinen Mund und stellte fest: »... nun sind Sie bald ganz zugewachsen!«

Der Fagottist **Florenz Jenny** schrieb einem Kollegen in einer SMS-Nachricht, er »ochse gerade am *Bläsertrio* von Jacques Wildberger« worauf der Adressat antwortete: »... ich wildere gerade im Gasthof *Zum Ochsen* an einem lukullischen Reh.«

Zehn weidende Kühe auf der zürcherischen Hinterbuchenegg wurden im Sommer 2018 von **Alain Bellet** klammheimlich als Musikerinnen verpflichtet. Ohne Gage, versteht sich. Vom Herdengeläute in Gustav Mahlers *6. und 7. Symphonie* inspiriert, hängte er ihnen über WLAN und Relais manipulierte Glocken um den Hals, installierte am Weiderand ein sonnenbeschirmtes Tonstudio, und los ging's. Gezielt angesteuerte *Kuhglockenspiele* oder »neudeutsch« *Ring the Cows*, nannte er seine subtile Klanginstallation, welche die umliegenden Felder verfremdet beschallte.

»Ich schwöre es bei der Asche meiner Tante!«

Der Komponist und Geiger **Giovanni Giornovichi** war bei seinem Verleger Antoine Bailleux zu Besuch. Durch Ungeschicklichkeit zerbrach der Gast ein Fensterglas, worauf der Gastgeber für den Schaden drei Sous in Rechnung stellte. Der Komponist reichte ihm drei Livres, doch der Verleger bedauerte, ihm kein Wechselgeld geben zu können. Giornovichi lächelte maliziös, schlug eine weitere Scheibe ein und erklärte: »Nun sind wir quitt.«

In einem Bericht der *Correspondance littéraire secrète* vom 22. Februar 1777 beschreibt Louis François Métra einen üblen Streit: Die Geiger **Giovanni Giornovichi** und **Dieudonné-Pascal Pieltain** beschuldigten sich beim Baron de Bagge gegenseitig, falsch gespielt zu haben. Das Wortgefecht eskalierte: Pieltain ohrfeigte seinen Gegner. Dieser fiel über den Angreifer her und zerkratzte ihm das Gesicht. Alle Versuche, die beiden Kampfhähne zu trennen, misslangen, und Giornovichi, von Dritten an den Armen gehalten, biss Pieltain wütend die Nasenspitze ab.

Die skurrilen Geschichten des berühmten Pariser Hornisten **Gérard Vivier** haben überdauert. Als der Musiker 1846 die Absicht hatte, die belgisch-französische Grenze zu passieren, wollte ein Zöllner seinen Koffer kontrollieren. Da wurde Vivier blass und stotterte: »Monsieur – ich bitte Sie – das geht unter keinen Umständen!«

»Sie können sich nicht weigern!«

»Monsieur!«, flehte Vivier und warf sich auf die Knie.

»Ça suffit!« – »Genug!«, rief der Zöllner. »Entweder Sie fügen sich oder ich öffne den Koffer gewaltsam!«

»Um Himmels Willen, im Namen Ihrer keuschen Ehefrau, ihrer geliebten Kinder und all Ihrer Lieben, öffnen Sie meinen Koffer nicht, weil – ich schwöre es bei der Asche meiner Tante: In diesem Koffer befindet sich nichts, was das Recht verletzt!«

Der Zöllner blieb unerbittlich und öffnete das Gepäckstück. Zum Vorschein kamen Schlangen. Die Reptilien züngelten bedrohlich und schickten sich an, den skurrilen Käfig zu verlassen, worauf der Zöllner erschrocken einen Schritt zurücktrat. Vivier hingegen näherte sich furchtlos, schubste die Schlangen zurück in den Koffer und murmelte vor sich hin: »Die Zöllner wollen einfach nie glauben, was man ihnen sagt.«

Gérard Vivier war auf Wohnungssuche und fand eine ihm passende Bleibe. Der Hausbesitzer war kein Tierfreund. Er stellte dem neuen Mieter die Bedingung, sich von seinen Haustieren, einem Hund, einer Katze und einer Krähe, zu trennen, was Vivier notgedrungen tat. Dann durfte er einziehen. Monate später beschwerten sich andere Mieter, sie würden Tag und Nacht von seltsamen Tönen aus seiner Wohnung gestört. Ein Mitbewohner meinte sogar, es handle sich um Laute eines Büffels, er sei Amerikaner und würde sich auskennen. Der Hausbesitzer, seiner Sache sicher, stellte richtig: »Im vierten Stock wohnt kein Büffel, sondern ein Hornist, der gelegentlich auf seinem Instrument übt.«

Weil sich die Beschwerden häuften, klingelte der Hausbesitzer eines Tages bei Vivier. Als er eintrat, nahm er einen üblen Geruch wahr und hörte Laute, die keineswegs vom berühmten Hornisten stammen konnten und er fragte misstrauisch:

»Was geht hier vor?«

»Sie meinen im Salon?«

»Ja, in Ihrem Salon!«

»Dort drin ist eine junge Kuh.«

»Eine Kuh in meinem Haus, im vierten Stock? Sind Sie wahnsinnig!«

»Monsieur, seien Sie vorsichtig. Hornisten und gehörnte Tiere sollte man nicht beleidigen!«

Wie die Geschichte ausging? Die junge Kuh, die vom Musiker als Kalb in die Wohnung geschmuggelt worden war, musste wegen ihrer Größe durch ein Fenster abgeseilt werden, weil sie im engen Treppenhaus steckengeblieben wäre. Und Gérard Vivier? Er ging wieder auf Wohnungssuche, und ein anderer Vermieter fragte ihn: »Haben Sie Haustiere?«

Der Hornist **Giuseppe Rossini** litt unter maßloser Selbstüberschätzung. Sein Sohn, der Komponist und Dirigent **Gioachino Rossini**, wollte ihm deshalb in fieser Absicht einen kurierenden Denkzettel verpassen und teilte ihm boshaft mit: »Mein Vater! Nun ist der Moment der Gerechtigkeit gekommen, um Italien, das Ihr Talent schon immer verkannt hat, endlich erfahren zu lassen, was wirklich in Ihnen steckt. Bald werde ich in Bologna eine meiner Opern dirigieren und Sie werden am Ersten Pult spielen und von Ihren Rivalen und Feinden sicher beneidet werden. Bei Ihrem Können werden Sie natürlich keine Probe benötigen.«

Gemäß einer Schilderung des Tenors Davide Banderali (1789–1849) geschah dann Folgendes: Die beiden reisten nach Bologna, um im Teatro Comunale aufzutreten. Nach frenetischem Auftrittsapplaus hatte Giuseppe Rossini bereits in der Ouvertüre mit einem beachtlichen Solo einzusetzen. Leider gickste er dabei fürchterlich. Und es kam noch schlimmer: Dem Gickser folgten weitere, im Wechsel mit einzelnen richtigen Tönen quäkte er sich durch den Part, wobei sich sein Gesicht verfärbte, bis ihn ein Schweißausbruch außer Gefecht setzte. Der Auftritt missglückte völlig. Stimmen des Missfallens wurden aus dem Publikum hörbar und in den oberen Rängen kündigte sich ein Sturm an. Pfiffe hallten durch den Raum, der anschwellende Lärm war unbeschreiblich. Gekochte Kartoffeln und Kohlstrünke flogen ins Orchester. Der Tumult war so groß, dass der dirigierende Komponist sich gezwungen sah, die eben begonnene Vorstellung zu unterbrechen.

Der österreichische Schriftsteller und Kulturjournalist **Hermann Bahr** beschrieb **Hugo Wolf** als einen »Kämpfer des Gehörmenschen mit dem Misston der Welt«. Schon ein bellender Hund oder eine zirpende Grille konnte den Komponisten vor Entsetzen und Wut erzittern lassen, »danach musste er wohl über sich selbst lachen«.

In Salzburg sei der Komponist einmal aus seiner Wohnung auf die Straße geeilt, als Fiaker mit knallenden Peitschen vorbeifuhren. Er sei auf den Bock einer Lohnkutsche geklettert, habe ein Buch hervorgezogen und begonnen, aus einem Kapitel über Lärm und Geräusch vorzulesen. Und zwar bis zur Stelle: »Fuhrknechte, Sackträger, Eckensteher […] sollten nicht durch mutwilligen Lärm den höheren Bestrebungen des Menschengeschlechts hinderlich werden.« Darauf sei Wolf wieder abgestiegen, habe den Kutscher beschenkt und sei gutgelaunt heimgekehrt.

Um 1890 gab es in China Europäer, die westliche Instrumente und Liedgut unterrichteten. Als in Shanghai einmal eine festlich gekleidete Blasmusikkapelle zum Trauergeleit eines Leichenzugs hergebeten wurde, spielten die ahnungslosen Musikanten: »Mädle ruck, ruck, ruck an meine grüne Seite«, oder: »Nachtigall, Nachtigall, o wie sangst du so schön!«

Zu Beginn des 20. Jahrhunderts mehrten sich Stimmen, die sich über den zunehmenden Lärm beklagten. Der Musikologe **Hermann Kretzschmar** notierte damals, »dass sich die Gesellschaft den nervenmörderischen Maschinenlärm ruhig gefallen lässt, aber Musik […] prinzipiell in die Häuser sperrt.« In Berlin klagte man über den Lärm der Fuhrwerke, die Warnzeichen der Straßenbahn und störende Autohupen; ferner über »tierisch heulende Dampfpfeifen« und »das Alarmgeläute des Aschenmannes.« Man erwähnte aber auch die Möglichkeit von »menschlicheren Signalen«, die das Problem entschärfen könnten. Seine Majestät, **Kaiser Wilhelm II.**, sei bereits mit einem guten Beispiel vorangegangen und habe zum Blasen der Warnsignale für seine vornehme Autokarosse einen Berufstrompeter engagiert.

Auch in New York gab es im frühen 20. Jahrhundert Feldzüge gegen den »waste noise«. So kämpfte **Mrs. Isaac L. Rice** eifrigst »gegen die in unheimlicher Frühe fahrenden Milchwagen, gegen jedes Getute und Gepfeife, gegen lärmende Buben, Marktschreier, Stadtmusikanten, Orgelspieler und gegen jodelnde und brüllende Trunkenbolde.« Sie forderte, dass alle Lärmverursacher bei Wasser und Brot hinter Schloss und Riegel einzusperren seien.

Elf Dekaden später, im Sommer 2018, erklärte Londons Bürgermeister **Sadiq Khan**, auch Straßenmusiker und -musikerinnen seien inzwischen im Digitalen Zeitalter angekommen und würden über ein bargeldloses Bezahlsystem verfügen. Mit einem Kartenlesegerät könnten mutmaßliche Spenden über Funkchipkarten oder im Smartphone programmiert werden, was für die Musiker erfreulicherweise ein deutlich höheres Einkommen zur Folge habe.

»... ihre Zähne sind nicht ganz regelmäßig und stehn zu weit vorwärts«

Der englische Musikgelehrte **Charles Burney** hat zwischen 1770 und 1772 weite Teile Europas bereist und in dieser Zeit bedeutende Tagebuchberichte verfasst. Darin gibt es Kurioses zu entdecken, wie etwa eine Szene mit **Friedrich dem Großen**, König von Preußen, als Protagonisten. Trotz seiner musikalischen Kennerschaft habe der Monarch zunächst abgelehnt, der hochbegabten jungen Sängerin **Gertrud Elisabeth Schmeling** (auch Mara genannt) sein gnädiges Ohr zu leihen und gelästert: »Eine deutsche Sängerin? Ich könnte ebenso leicht erwarten, dass mir das Wiehern meines Pferdes Vergnügen machen könnte!«

Nachdem er sie widerwillig angehört hatte, »ward er darüber in Verwunderung gesetzt«, und sie wurde als erste deutsche Sängerin auf Lebenszeit an die Königliche Oper Berlin berufen. Ihr Wirken dort war dennoch nicht von Dauer, denn später fiel sie bei Seiner Majestät wieder in Ungnade.

Über **Gertrud Elisabeth Schmeling** schrieb **Burney**: »Sie sang auf der Stelle vom Blatte weg, was sehr gute Violinisten Mühe hatten, sogleich vom Blatte zu spielen. Man konnte ihr nichts zu Schweres vorlegen, sie brachte alles rein, und mit Leichtigkeit heraus. […] der Ton ihrer Stimme war sehr angenehm, und sie sang völlig rein. Sie hat einen ausnehmend schönen Triller, einen guten Ausdruck, und eine erstaunenswürdige Leichtigkeit, die schwersten und schnellesten Passagien rein und rund heraus zu bringen.«

Charles Burney charakterisierte die Sängerin allerdings auch mit männlicher Arroganz: »Sie ist nicht groß von Person, und keine Schönheit. […] Ihre Zähne sind nicht ganz regelmäßig, und stehn zu weit vorwärts, allein im Ganzen ist sie, bei ihrer Jugend und freundlichem Lächeln, sehr angenehm von Wuchs und Gestalt.«

In ihrer Autobiographie erklärt **Gertrud Elisabeth Schmeling**, weshalb sie als 14-Jährige, einst in England lebend, ihre Ausbildung zur Violinistin habe abbrechen müssen: »[…] weil einige englische Damen es [das Violinspiel] für ein Mädchen nicht kleidend fanden.«

Wie **Charles Burney** 1772 in seinen Tagebüchern berichtet, konnte er sich mit den Glockenspielen in den Niederlanden nicht anfreunden: »Wer aber an Klappermusik seine Freude finden kann, braucht und verdient keine bessre. Es wird schwerlich eine reformierte Kirche in ganz Amsterdam zu finden sein, die nicht ihr Glockenspiel hätte [...]. [M]an hat wegen der Abweichung der Uhren kaum fünf Minuten in vierundzwanzig Stunden Ruhe vor diesen Klapperbüchsen der erwachsenen Kinder. In wenig Tagen hatte ich ihrer so bis zum Ekel satt, dass ich wahrhaftig glaube, ich hätte einen Hass gegen alle Musik bekommen, hätte ich sie ebenso viele Monate hören sollen, ohne dass sie mich des Gehörs beraubt hätten.«

Im Engadiner Bergdorf Zuoz wurde jahrhundertelang der Chorgesang gefördert. Bereits 1666 gab es Statuten, die »einen wohltönenden Kirchengesang« zugrunde legten. Hundert Jahre später ist in einer auf Romanisch verfassten *Regula* erwähnt, dass der Kirchenchor zu besolden sei. Die Sänger erhielten jährlich 30 Kreuzer, doch es ist ausdrücklich von »ils *signuors* chantaduors« – »den *Herren* Sängern« – die Rede. Die Sängerinnen gingen leer aus! Es ist anzunehmen, dass sich die Frauen mit der Zeit auflehnten, denn die unzumutbare Praxis wurde 1780 aufgehoben. Ungerecht blieb es dennoch, weil die Herren der Schöpfung noch jahrzehntelang besser bezahlt wurden. 1834 wurde die individuelle Honorierung der Chormitglieder zugunsten einer Pauschale aufgehoben, mit der »launigen« Verpflichtung, dieses Geld gemeinsam in einem Wirtshaus auszugeben.

Felix Mendelssohn Bartholdy schrieb am 17. Januar 1830 aus Rom an seine Familie: »Die Orchester [hier] sind schlechter, als man es glauben sollte; […] Die Paar Geiger greifen jeder auf seine Art, setzen jeder verschieden ein und an; die Blasinstrumente stimmen zu hoch oder tief […]; das Ganze bildet die furchtbarste Katzenmusik […]. Ich habe ein Flötensolo gehört, wo die Flöte weit über einen Viertelton zu hoch stand, es machte mir Zahnschmerzen, aber keiner bemerkte es […]. […]

Vorgestern Abend [am 15. Januar 1830] wurde ein neues Theater, das Torlonia, unternommen und eingerichtet, und mit einer neuen Oper von [Giovanni] Pacini eröffnet. Das Gedränge war groß; in allen Logen die schönsten geputzten Leute […]; die Oper begann mit einem Chor, zu welchem ein gestimmter Amboss im Takt geschlagen wurde […]. Dann kamen noch viele Stücke und die Sache wurde langweilig. Das fand das Publikum auch, und als Pacinis großes Finale anfing, stand das Parterre auf, fing an sich laut zu unterhalten, zu lachen, und drehte der Bühne den Rücken zu. [Gräfin] Mde. Samoilow fiel in ihrer Loge in Ohnmacht, und musste hinausgetragen werden. Pacini entwischte vom Klavier, und der Vorhang fiel am Ende des Aktes unter großem Tumult. – Nun kam das große Ballett *barba-bleu*, dann der letzte Akt der Oper. Da sie einmal im Zuge waren, pfiffen sie das ganze Ballett von vornherein aus, und begleiteten den zweiten Akt der Oper ebenfalls mit Zischen und Gelächter.«

Gegen **Lew Nikolajewitsch Graf Tolstois** Erklärung, Beethoven habe kein Talent, erhob **Peter Iljitsch Tschaikowski** Einspruch: »Ein von allen anerkanntes Genie auf die Stufe seines Unvermögens zu herabzusetzen, ist das Kennzeichen aller beschränkten Menschen.« Tschaikowski sagte aber auch: »Ich spiele gerne Bach, aber ich erkenne in ihm nicht wie andere ein großes Genie […] und Händel hat für mich absolut viertrangige Bedeutung.«

Der Liederkomponist **Hugo Wolf** wusste um die Freundschaft zwischen Johannes Brahms und Antonín Dvořák. Weil er beiden nicht wohlgesinnt war, schrieb er in einer Musikkritik, Dvořáks Orchestrierung sei in seiner Oper *Selma Sedlák – Der Bauer ein Schelm*, »abscheulich, brutal und abgeschmackt« und fügte hinzu, dass es schon übel genug sei, der Musik von Dvořák auf dem Podium begegnen zu müssen. »Es mag Leute geben, die ernsthaft genug sind, diese Oper komisch zu finden, gerade so, wie es Leute gibt, […] die komisch genug sind, Symphonien von Brahms ernst zu nehmen.«

Ob sich der Brahms-Biograf **Max Kalbeck** an Hugo Wolf wohl für dessen Brahms-Feindschaft rächen wollte? Am 9. März 1889 schrieb er in der *Alten Presse* über einen Liederabend mit Werken von Hugo Wolf: »Kindisches, klingeldürres Zeug, abenteuerlich banale Melodien und lächerliche Harmoniekrämpfe, welche für Emotionen von Geist angesehen zu werden wünschen. Herr Hugo Wolf, welcher sehr eigenhändig am Klavier begleitete und weder das Instrument noch den Sänger schonte, hat früher als Reporter […] in musikalischen Kreisen unfreiwillige Heiterkeit erregt. Die jüngsten Erzeugnisse seiner Muse haben dargetan, dass dieser wohlgemeinte Rat von Übel war. Er sollte doch wieder Kritiken schreiben!«

Am 2. Dezember 1894 gelang Hugo Wolf mit der Aufführung seines *Feuerreiters* und dem *Elfenlied* nach Gedichten von Eduard Mörike in Wien ein großer Erfolg. Der Musikkritiker **Eduard Hanslick** schrieb in der *Neuen Freien Presse* über den Komponisten: »Unzweifelhaft ein Mann von Geist und Talent …«

Und wie reagierte der im Konzert anwesende Brahms? Er hielt sich mit Beifall *nicht* zurück.

1897 meinte **Gustav Mahler** zu Bruno Walter: »Gehen Sie ab und zu zu den Herren [der Presse!]. Denken Sie nur, dass Sie sich in einem Hundestall nicht mit ›Manneswürde‹ benehmen können, sondern nur schauen, dass Ihnen die Köter Ruhe geben.«

Der Komponist **Alexander Skrjabin** konnte recht töricht daherreden. Als Igor Strawinsky in seiner Gegenwart die Grazie und Feinheit Schubertscher Walzer rühmte, lächelte Skrjabin ironisch und meinte: »Ah, sieh an, Schubert? … Der ist doch gerade gut genug, um von jungen Mädchen auf dem Klavier geklimpert zu werden.«

Max Regers lockere Zunge ist legendär. Jules Massenet etwa charakterisierte er mit den Worten: »Beim Massenet is a Masse net vom Massenet.«

Als ein anderer Komponistenkollege, Cyrill Scott, ihm ein neues Werk vorlegte, spottete Reger: »Wenn Ihnen mal wieder was einfällt, dann schreiben Sie es bitte nicht auf.«

Auch **Richard Strauss** wurde von **Max Reger** nicht verschont. Nach der Aufführung eines Regerschen Werkes war ihm der etwas ältere Strauss wohlgesinnt: »Sehr gut«, urteilte er. »Jetzt müssen Sie nur noch einen Schritt gehen, dann sind Sie bei uns.« Reger antwortete blasiert: »Danke, Verehrtester. Genau diesen Schritt werde ich aber nicht tun.«

Max Reger

Von einem Rezensenten bekam der österreichische Komponist und Pianist **Artur Schnabel** den Rat, sich für ein Lehramt am Institut für afrikanische Trommelsprachen zu bewerben. Und ein »Zoologe« unter den Kritikern attestierte ihm, er habe aus einem Löwen einen wohlgetrimmten Pudel gemacht.

Igor Strawinsky sagte in einem Interview mit dem *Evening Standard*: »Kürzlich hatte ich einen Traum über Musikkritiker. Sie waren klein und gefräßig und trugen Vorhängeschlösser an den Ohren. Sie sahen etwa so aus, als ob sie einem Bild des Malers Francisco de Goya entstiegen wären.«

Die französische Komponistin **Nadja Boulanger** war für mehrere Generationen von Musikern wegweisend. Als erste Frau dirigierte sie 1938 ein amerikanisches Orchester, und zwar das Boston Symphony Orchestra. Leider war sie dort widerwärtigen Anwürfen ausgesetzt und wurde belächelt. In einer Zeitung stand als »Musikkritik«: »Mademoiselle Boulanger trat gestern mit flachen Absätzen und einem geschäftigen Schritt auf die Bühne. Sie trug ein einfach geschnittenes schwarzes, perlenbesticktes Kleid, hatte eine Haltung von ruhiger Überzeugung, die von einer strengen Nasenbrille bestätigt wurde. Sie ist um die Fünfzig, das Haar ist dunkel mit hellen Strähnen. Ihr Gesicht ist festlippig und resolut, aber auch einnehmend süß und intelligent im Ausdruck. Sie ist das Ebenbild einer Lehrerin unserer besseren Mädchenschulen, höchstwahrscheinlich aus der Wissenschaftsabteilung.«

Diesen Schmähungen setzte Boulanger entgegen: »Geschlecht wie Alter spielen in der Musik keine Rolle. Ob Männer oder Frauen, groß oder klein, dick oder dünn, das alles macht keinen Unterschied. Ich denke nicht darüber nach, ob ich ein Mann oder eine Frau bin. Ich mache meine Arbeit [...]. Was mich als Dirigentin interessiert, sind ausschließlich die Ergebnisse.«

Hans Ehinger verfasste neben Sportberichten originelle Musikkritiken. Als sich der Oboist Alexander Gold einmal in einem Konzert verspielte, stand in der Kritik der *Basler Nachrichten*: »Es war nicht alles von Gold was glänzte.«

Joseph Cron, Ehingers Kollege, elsässischer Herkunft, war dafür bekannt, dass er in seinen Konzertbesprechungen stets »wahrheitsgetreu« das Gehörte widerspiegelte. So etwa nach einem missglückten Liederabend, über den er schrieb: »… am Sopran begleitete Marianne X. mit ihrer schüchternen Stimme den überaus kräftig zulangenden Pianisten Peter Y.«

Rudolf Kempe, zeitgleich Chefdirigent der Orchester Royal Philharmonic London, der Münchner Philharmoniker und des Tonhalle-Orchesters Zürich, wurde von einem Kritiker gefragt: »Wie ist eigentlich Ihr Verhältnis zu den Rezensenten?«
    »Ausgezeichnet!«

»Haben Sie die Kritiken als angemessen empfunden?«

»Das kann ich nicht sagen, weil ich nie welche lese. Das Leben ist viel zu kurz, ich vertiefe mich lieber in Partituren.«

Der New Yorker Musikkritiker **Herbert Kupferberg** schrieb in einem Programmheft des Philadelphia Orchestra: »Der erste Musikkritiker der Geschichte scheint der biblische König Saul gewesen zu sein, der seinem Harfenisten David einen Wurfspeer an den Kopf schleuderte, weil ihn seine Melodien nicht ausreichend besänftigten. Zum Glück ging der Schuss daneben, was bei Kritikern ja öfters der Fall ist.«

»Mit hungrigen Hunden ist gut jagen«

Im Gegensatz zu denen anderer Orchester mussten die Musiker der Meininger Hofkapelle von **Hans von Bülow** stehend spielen. Und vor dem Trauermarsch in Beethovens *Eroica* ließ sich der Dirigent von einem Orchesterdiener auf einem Silbertablett schwarze Handschuhe reichen, die er mit theatralischer Gebärde anzog. Bülow hatte eine Vorliebe, seine Auftritte zu zelebrieren.

Von Bülow war oft in Gedanken versunken. Als ihn einmal jemand ansprach, fuhr er erschrocken auf: »Sind Sie's wirklich?«

»Nein, ich bin's nicht …«

Ein anderes Mal sprach ihn eine Dame an: »Wetten wir – Sie kennen mich nicht?»

Mit abwesendem Blick meinte er: »Gewonnen!«

Karl Muck genoss hohes Ansehen und besaß einen mitunter etwas derben Humor. Einmal bat ein Orchestergeiger den Dirigenten um Rat: »Was soll ich tun – ich habe einen unerträglichen Schmerz im Arm?« Mucks Antwort: »Schneiden Sie ihn doch einfach ab.«

Der legendäre Dirigent **Arthur Nikisch** (über dessen auffallend weiße Hände Leipziger Studenten scherzten, er bade sie in Milch) hatte die mißliche Gewohnheit, sich mit neuen Werken erst in den Orchesterproben zu befassen. Max Reger wollte ihn deswegen überführen und bat ihn arglistig, die *Schlußfuge* zuerst zu proben. Nikisch reagierte verlegen, blätterte suchend in der Partitur, und Reger spottete: »Ha – erwischt! Es gibt keine Schlußfuge.«

Im Musiksalon der Spornburg Bechburg, im schweizerischen Oensingen hing noch im 20. Jahrhundert ein Plakat mit der Ankündigung:

Konzert in der Kathedral-Kirche Solothurn am
18. Juli 1849
Erste Abtheilung
8tes Konzert (Gesang-Scene) für Violine, von
L. Spohr, vorgetragen auf dem Violoncello von
Herrn Ernst Knop, Musikalienhändler aus Basel
Baß-Arie aus der Schöpfung von Haydn, gesungen
von Herrn Oberrichter Ringier aus Lenzburg
Zweite Abtheilung:
2tes Finale aus »Don Juan« von Mozart. In der Titel-
rolle Herr Posthalter Ben. Lambert von Solothurn

Dass im Kanton Solothurn auch Musiker von Rang verkehrten, darüber informiert die Gästeliste: Um

1865 konzertierten im besagten Musiksalon **Clara Schumann**, **Johannes Brahms** und **Max Bruch**.

Um 1890 bot ein Budapester Kaffeehaus seinen Gästen an warmen Tagen zwei einladende, übereinanderliegende Außenterrassen an. Eines Nachmittags wusch sich am Geländer der oberen Terrasse ein Herr mit dem Wasser aus einer Karaffe die Hände. Dabei war er so ungeschickt, dass er unter ihm sitzende Gäste bespritzte. Es folgten ein heftiges Gezeter, eine verlegene Entschuldigung des Übeltäters sowie ein Sitzplatzwechsel der Betroffenen.

Nach Kaffee und Kuchen ging der Herr zu einer anderen Balustrade, um das Waschprozedere zu wiederholen. Und hatte prompt erneut Pech: Auch hier erntete er Protest, ja, sogar Geschrei, zufällig von derselben Gesellschaft. Der Unglücksrabe aber war niemand anderer als der junge Budapester Operndirektor **Gustav Mahler**, der nun zum zweiten Mal höflichst um Verzeihung bat.

In Richard Strauss' *Alpensymphonie*, die als Programmmusik den Aufstieg eines Wanderers zu den Gipfeln schildert, ähnelt eine Passage auffällig einem Thema aus Max Bruchs *Violinkonzert*. Weil ein paar Musiker des Gürzenichorchesters Köln den »Diebstahl« erkannten, schmunzelten sie bei der ersten Probe, und der Dirigent **Fritz Steinbach** bemerkte: »An dieser Stelle hat sich der arme Wanderer einen Bruch geholt.«

Der Dirigent **Volkmar Andreae** schrieb 1919 an seinen Freund Ferruccio Busoni: »Es ist schade um die Begabung Strawinskys. Er treibt mit der Kunst Unzucht und man sollte ihn bevogten. Dies ist auch die Ansicht [des Komponisten Philipp] Jarnach, der vor Wut einem Leichentuch ähnlich sah. Es wäre leichter und einfach, über solche Musik zu lachen. Ich glaube aber, dass man Str.[awinsky] nicht ohne weiteres auf diese Weise erledigen kann. Es ist *ihm* ernst und diese Erkenntnis hat etwas Tragisches. Seine frühen Werke!, ja, ich glaube, man könnte mitgehen, aber diese vierhändigen Klavierstücke! [*Trois pièces faciles*, 1915, und *Cinq pièces faciles*, 1916] ich empfinde sie als Skandal und wenn ich nicht gefürchtet hätte, missverstanden zu werden, hätte ich ostentativ den Saal verlassen.«

Als 19-jähriger Korrepetitor spielte **Arturo Toscanini** in einem Werk von **Guiseppe Verdi** versehentlich ein eigentlich nicht vorgesehenes *rallentando*. Weil ihm der Komponist dabei über die Schulter sah, schämte sich Toscanini zutiefst. Doch Verdi nahm es gelassen: »Machen Sie das *rallentando*, auch wenn es nicht geschrieben steht«, meinte er. »Ich kann doch nicht alles, was ich musikalisch ausdrücken will, mit Worten festlegen.«

Friedrich Buxbaum, der 1938 aus Wien vertriebene Solocellist der Wiener Philharmoniker (und nach dem Zweiten Weltkrieg als Wiedergutmachung von diesen hochgeehrt) erzählte von seinen Erlebnissen: **Arturo Toscanini** habe die Philharmoniker einmal angebrüllt: »Filarmonici! No no! – disarmonici!« Worauf er von den Musikern fortan »Toscanono« genannt wurde.

Ein anderes Mal habe der Dirigent in einem Wutanfall erfolglos versucht, seine Partitur zu zerreißen, um sie danach brüllend und zähnefletschend auf den Boden zu schmeißen, auf ihr herumzutrampeln und sie vors Pult des Solocellisten zu kicken. Er, Buxbaum, habe sie daraufhin mit seinem Bogen elegant vor die Füße des Maestro geschoben und theatralisch gerufen: »Ecco Maestro!«

Wer nun einen erneuten Wutausbruch erwartet hatte, wurde überrascht: Toscaninis Miene habe sich entspannt, und er habe herzhaft gelacht.

Weil einmal ein Schlagwerker **Toscaninis** Wünsche nicht erfüllte, eilte der Dirigent wutschnaubend zu ihm, entriss ihm die Schlägel und ballerte auf eines der Paukenfelle, bis es platzte. Dann verließ er laut lamentierend den Probensaal. Die Wiener Philharmoniker wollten sich das Verhalten des Maestros nicht gefallen lassen. Sie forderten eine Entschuldigung, andernfalls sie sich weigern würden, die bevorstehende Premiere des *Falstaff* zu spielen. Überraschenderweise kam Toscanini dieser Bitte tatsächlich nach: Er eilte zum Gekränkten, umarmte ihn und sagte: »Verstehen Sie mich richtig – ich habe nichts gegen Sie. Sie sind ein vortrefflicher Musiker. Wenn ich mich aufrege, geschieht das doch nur für Verdi.«

Als **Toscanini** einmal in Wien probte, verlor ein Bratschist das Bewusstsein. Der Dirigent blickte kurz auf und fragte: »Wo ist der Ersatz?«

Wilhelm Furtwängler probte mit dem Orchestra dell'Accademia Nazionale di Santa Cecilia in Rom die *2. Symphonie* von Brahms. Eine Viertelstunde lang dirigierte er ohne zu sprechen, aber seinem Wesen entsprechend zelebrierend; und das Orchester spielte, als wäre es magisch verzaubert.

Nach der Probe vertraute der Dirigent dem Cellisten Enrico Mainardi an, er suche Ursachen von Fehlern zuerst bei sich selbst, was fast immer zur Folge habe, dass die Orchester die von ihm erhoffte Wirkung zur Geltung brächten.

Der Archäologe und spätere Musikwissenschaftler Walter Rietzler zeigte dem Begründer der wissenschaftlichen Graphologie **Ludwig Klages** einmal ein Blatt mit **Wilhelm Furtwänglers** Handschrift. Klages wusste nicht, um wen es sich handelte. Der Graphologe war vom bedeutenden Duktus der Handschrift tief beeindruckt und meinte: »Das könnte ein Religionsstifter sein, kaum ein Künstler; am ehesten noch ein Tragiker, keinesfalls aber ein Musiker.«

Der 20-jährige **Wilhelm Furtwängler** war in der Spielzeit 1906/07 als Zweiter Kapellmeister am Stadttheater Zürich verpflichtet, wo er in Anwesenheit des Komponisten Franz Lehár dessen Lustige Witwe dirigierte. In dieser Aufführung brachte Furtwängler den Darsteller des Danilo, den Tenor Albert Trebe, zur Verzweiflung. Der jugendliche Dirigent, respektvoll auf ein Zeichen des hinter ihm sitzenden Komponisten wartend, zögerte mit dem Einsatz so lange, bis sich der Tenor verärgert ans Publikum wandte und ausrief: »Gut, dann eben nicht!«.

Wilhelm Furtwängler zählte zu den wenigen Dirigenten, die beim Proben kaum sprachen. Seine spärlichen Äußerungen waren jedoch oft erheiternd. So sagte er zum Beispiel: »Das klingt wie leeres Stroh«, oder: »Es klingt nicht scheen«, und häufig forderte er:

»Machen wir noch mal.« Wie Werner Thärichen, Solopauker bei den Berliner Philharmonikern, berichtete, konnte der Maestro auch überraschend die Zunge herausstrecken, wenn der Klang nicht seinen Empfindungen und Erwartungen entsprach. Obwohl es oft schwierig war, Furtwänglers andeutenden Dirigierbewegungen zu folgen, verehrten die Musiker ihren uneitlen Dirigenten. Und vielen wurde erst nach seinem Tod bewusst, dass sie quasi als Zeitzeugen unter einem der seltenen Genies musiziert hatten. Bei Furtwänglers Begräbnis sagte ein Mitglied der Berliner Philharmoniker: »Jetzt, wo dieser Mann tot ist, da möchte ich gern meinen Beruf wechseln.«

Sergej Kussewitzkys brillante Vita war früh vorgezeichnet: Schon als Kleinkind stellte der Sohn von Musikereltern um ein Pult Stühle im Halbkreis auf und mimte den Dirigenten, der vor die Musiker trat, den Arm hob und loslegte. Erst siebenjährig dirigierte er eine eigene Kompositionen vor »echten« Musikern, mit vierzehn begann er an der Musikalisch-Dramatischen Schule der Moskauer Philharmonischen Gesellschaft die Ausbildung zum Kontrabassvirtuosen. Wenige Jahre danach saß der künftige Stardirigent Partituren lesend in Berliner Konzerten, die von Arthur Nikisch geleitet wurden. Es folgte die Heirat mit der Tochter eines schwerreichen russi-

schen Teekaufmanns, der ihm zum Start seiner Welt-
karriere ein eigenes Symphonieorchester finanzierte –
ein Lebenslauf fast wie im Märchen.

Bruno Walter instruierte einen Trompeter der Wiener Philharmoniker: »Stellen Sie sich beim Spielen
dieser Stelle eine sommerliche Waldlichtung vor. Die
Sonne dringt spärlich zwischen den Bäumen durch,
und Sie sehen ein zauberhaftes Spiel von Farben, Licht
und Schatten. Die Äste wiegen leicht im Wind – und
nun setzen Sie aus der Ferne kommend ein.«

Der Trompeter hatte für die poetische Deutung des
Dirigenten keinen Sinn, denn er fragte: »Ach so, Sie
meinen *piano*?«

Sir Thomas Beecham erschien an einem neblig-
feuchtkalten Novembermorgen in der schlecht ge-
heizten Free Trade Hall in Manchester. Zu Beginn der
Probe begrüßte er das Orchester und fragte: »An diesem prächtigen Morgen fühlen Sie sich bestimmt alle
bestens disponiert, um Frederik Delius' *In a Summer
Garden* zu spielen oder nicht?«

Ein chorisches »No« tönte ihm entgegen. Beecham
warf einen Blick auf seine Partituren und brummte:
»Schauen wir mal, was da sonst noch liegt … Ach ja, die
2. Symphonie von Brahms. Die passt zu jedem Wetter –
und in jede Jahreszeit. Come on boys, whoops!«

Otto Klemperer

Budapests Bürgermeister hatte die Absicht, **Otto Klemperer** mit einem Orden zu ehren. Der Bürgermeister begann seine Laudatio, die dem Dirigenten offenbar zu lange dauerte. Denn mittendrin eilte er zum Rednerpult, entriss dem Stadtoberhaupt den Orden und suchte das Weite.

Klemperer hatte bei sich zu Hause einen Porträttermin mit dem Fotografen Klaus Hennch. Kurz zuvor legte seine Tochter, Lotte Klemperer, eine Schallplatte der Sopranistin Maria Callas auf. Als der Fotograf erschien, beschwerte sich Klemperer bei seiner Tochter: »Sag mal, muss ich das hören? Es klingt ja fürchterlich!«

Weil sich eine von **Klemperer** geleitete Probe in die Länge zog, schaute ein Flötist auf seine Uhr. Der Dirigent bekam das mit und fragte, ohne eine Miene zu verziehen: »Geht sie noch?«

Otto Klemperer probte *Fidelio*. Verärgert kritisierte er das Orchester: »Sie eilen!« Auch nach einer Wiederholung war er nicht zufrieden: »Sie eilen noch immer!« Nach der Probenpause forderte er erneut die bemängelte Stelle, dirigierte sie aber seltsamerweise in rascherem Tempo! Von einem Stimmführer befragt, warum er das täte, brummte Klemperer: »Man entwickelt sich eben.«

Im Foyer des früheren Nationaltheaters in München hingen die Porträts der ehemaligen Generalmusikdirektoren, so auch jenes von **Hermann Zumpe**. **Karl**

Böhm stellte ein paar Orchestermusiker zur Rede, weil diese vor dem Konterfei dieses früheren Generalmusikdirektors ausspuckten:

»Warum macht Ihr denn das?«

»Zumpe war ein ganz gemeiner Mensch.«

»Aber ihr habt ihn doch gar nicht gekannt.«

»Das Ausspucken vererbt sich von Generation zu Generation. Zu Zumpes Zeit wurde an den König eine Eingabe um Gagenerhöhung gemacht, die dem Generalmusikdirektor zur Begutachtung vorgelegt wurde, und der meinte: ›Ich bin gegen die Erhöhung – mit hungrigen Hunden ist gut jagen!‹ Und seither spucken die Musiker halt vor ihm aus.«

Hans Knappertsbusch, auch »Kna« genannt, verabscheute lange Proben. Oft schickte der Dirigent die Orchester bereits nach kurzer Anspielzeit nach Hause. Wenn dann in einer Aufführung etwas missriet, erklärte er: »Da sehen Sie, wie Sie uns mit der unnötigen Probiererei durcheinandergebracht haben«.

Eines Tages wollte sich an der Bayerischen Staatsoper München ein junger Tenor mit der *Gralserzählung* des Lohengrin vorstellen. Er warf sich in Positur, holte tief Luft, um anzusetzen: »In fernem Land, unnahbar euren Schritten …«

Er kam nicht weiter als bis: »In fe …«, schon rief »Kna« unwirsch: »Genügt!«, und eilte davon.

Der exzentrische Dirigent **Hermann Scherchen** bewohnte in Zürich eine bescheidene Zweizimmerwohnung. Neben seinem Bett stand die Druckerpresse des 1950 von ihm gegründeten Verlags Ars viva, und im andern Zimmer hauste Scherchens 90-jährige Mutter. Gelegentlich überließ der Dirigent die Auslieferung seiner Musikalien dem Hauswart seines Wohnhauses, der die geschäftlichen Abläufe von Scherchens Verlag jedoch in bedrohliche Schieflage brachte. Es ist überliefert, dass dieser »Mitarbeiter« einmal einen Stoß Musikalien abgeschickt hatte, worauf zwei Tage später ein Telegramm des späteren Wiener Operndirektors **Egon Seefehlner** eintraf. Der Inhalt: »Habe einundzwanzig Oboenstimmen bekommen, aber keine einzige für Streicher. Welch merkwürdiges Werk …«

Nach der Unterzeichnung eines Vertrags mit **George Szell** für einen Auftritt in Zürich war das Engagement eines entsprechenden Solisten noch ungeklärt. Dem Maestro wurden drei Klaviersolisten zur Auswahl genannt, mit der Bitte, sich über sie zu äußern. Als später noch ein vierter hinzukam (berühmt wie die andern), meinte er: »Für diesen Solisten suchen Sie besser einen anderen Dirigenten.«

Dem Oboisten **André Raoult** sprach ein extrem leiser Ton in einer Probe nicht an. Weil der Dirigent **Karl Böhm** deswegen irritiert reagierte, meinte Raoult: »So etwas kann ganz ausnahmsweise auch im Konzert passieren.«

Böhm erwiderte: »I mecht Sie aber wirkli net drum bitten.«

Karl Böhm änderte in Richard Strauss' *Heldenleben* einen falsch gedruckten Ton. Der angesprochene Posaunist erklärte erstaunt: »Wir haben stets, wie gedruckt gespielt …« Darauf Böhm ungehalten: »Merken's Ihna: Böhm gleich Strauss!«

Nachdem **Böhm** den (auch als Dirigent tätigen) Tenor Peter Schreier einmal spöttisch gefragt hatte, ob er Bachs *Matthäuspassion* schon »öffentlich dirigiert« habe, war er in seiner Wortwahl später vorsichtiger: »Grüß Gott, Herr Kollege!«, sagte er da höflich. »Jetzt hab' ich's noch schwerer – bei Ihrer Konkurrenz!«

Hans Rosbaud, zweifellos einer der geduldigsten Dirigenten, bat einen als Schwarzes Schaf bekannten Tubabläser, ein heikles Solo zu wiederholen. Weil es auch beim vierten Mal misslang, fragte er: »Spreche ich zu leise?« Rotzfrech knurrte der Angesprochene: »Nein, aber zu viel.«

Rosbaud schwieg, ein paar Musiker im Orchester murrten. Nach einer Weile sagte der Dirigent: »Sie haben jetzt noch eine Gelegenheit zu zeigen, dass Sie die Stelle können.« Der Tubabläser hatte Glück. Er spielte und das heikle Solo gelang. Aber Rosbaud sagte zu ihm: »Kommen Sie nach der Probe in mein Zimmer. Wir haben etwas zu besprechen.«

Dimitri Mitropoulos war bekannt dafür, beim Dirigieren auf Partituren zu verzichten. Schließlich, so erklärte er dem New York Philharmonic Orchestra beträte ein Raubtierdompteur den Käfig einer Zirkusarena auch nicht mit einer *Anleitung zum Löwenbändigen.*

Diese Deutung wurde vom Orchester mit Schmunzeln quittiert. Immerhin empfahl der Geiger **Endre Horvát** dem Dirigenten jedoch geistesgegenwärtig das Verfassen eines Buches mit dem Titel *Guide to taming orchestras – Anleitung zum Bändigen von Orchestern.*

Der Dirigent **Sir John Barbirolli** begrüßte in einem Londoner Hotelzimmer den Fotografen Klaus Hennch und rief: »I am riding *White Horse*!« Damit meinte er den Whisky, den er seinem Gast und sich selbst großzügig in zwei bauchige Gläser einschenkte. Als sich der Gast verabschieden wollte, hielt ihn Barbirolli zurück: »Bleiben Sie! Meine Frau ist Steaks einkaufen gegangen, die sie hier auf unserm Bett grillieren wird. Zu diesem Schmaus sind Sie herzlich eingeladen.«

»Nehmen Sie den Bleistift aus dem Mund!«, maßregelte **Sir John Barbirolli** schalkhaft einen Fagottisten während einer Probe in London. »Für diesen Zweck schuf Gott das Ohr«, worauf er sich seinen Taktstock hinters rechte Ohr steckte.

Der Amsterdamer Oboist Haakon Stotijn behauptete 1959, Johannes Brahms habe im zweiten Satz seiner *1. Symphonie* eine solistische »Selbstmordstelle« für den 1. Oboisten komponiert. In Unkenntnis dieser Äußerung war der Chefdirigent des Concertgebouworkest, **Eduard van Beinum**, nach Stotijns Spiel dieses Solos so berührt, dass er meinte: »Wenn Sie das noch einmal so wunderschön blasen, werde ich sterben.«

Ironie des Schicksals: Am nächsten Tag forderte Eduard van Beinum das Orchester erneut auf, den Beginn dieses Satzes anzuspielen. Nachdem Stotijn besagte Stelle gespielt hatte, erlitt der Dirigent einen tödlichen Herzinfarkt.

1970 spielten **David Oistrach**, **Mstislaw Rostropowitsch** und **Svjatoslaw Richter** mit den Berliner Philharmonikern unter **Herbert von Karajan** Beethovens *Tripelkonzert C Dur, op. 56,* auf einer Langspielplatte ein. Nach der letzten Aufnahmesitzung lästerte der gutgelaunte Oistrach: »Ich habe versucht Beethoven zu spielen. Mstislaw glaubt Beethoven gespielt zu haben und Svjatoslav spielte wie immer sich selber. Und Karajan? Er ist überzeugt, Beethoven zu sein.«

Der Dirigent und Mäzen Paul Sacher brachte einen der wichtigsten Künstler des Nouveau Réalisme, **Jean Tinguely,** berühmt durch seine maschinenbewegten Skulpturen, und den Cellisten **Mstislaw Rostropowitsch** zusammen. Die beiden kamen sich näher, fanden manche Gemeinsamkeiten, und Tinguely war vom Cellovirtuosen und seinem kostbaren, sorgsam gehüteten Instrument beeindruckt. 1989 malte er auf ein großformatiges Stück Papier ein neues Bild. Am unteren Rand schrieb er in skurrilen Lettern: *SiCHer heits transpor ter Für das Edel cello VON MstisLAW ROSTRO PO VItCH*.

Das Bild zeigt ein schwarzes vierrädriges Gefährt. Das Edelcello »ruht« unter einem farbenreichen Schutzpolsterklüngel. Darüber bewegt sich scheinbar eine bizarre rotschwarze Maschinerie – nach oben, nach unten – und »sichtbare« Töne fliegen als runde Kleckse über die Bildfläche.

Dario de Rosa, der Pianist des Trio di Trieste, war mit der Pianistin Maureen Jones verheiratet. Zwanzig Jahre später ließ sie sich scheiden, um den späteren Cellisten des Trios, Amedeo Baldovino, zu ehelichen. In jener Zeit machte **Paul Sacher** den Cellisten **Rostropowitsch** mit der Pianistin bekannt und scherzte: »Sie ist mit dem Trio Trieste verheiratet.«

Rostropowitsch verzog sein Gesicht, rieb sich die Hände und fragte: »Mit dem ganzen Trio?«, um schließlich zu verkünden: »Dann sind Sie auch mit mir verheiratet!«

1970, auf einer Konzertreise in Japan, mit seinem Collegium Musicum Zürich, erklärte **Paul Sacher** beim fröhlichen Saketrinken dem Geiger Curt Conzelmann, er würde seinen ganzen Besitz hergeben, wenn er besser dirigieren könnte. Zwanzig Jahre später bat der Hochbetagte die Musikerinnen und Musiker des Basler Kammerorchesters beim Proben eines zeitgenössischen Werks: »Helfen Sie mir, ich kann das nicht dirigieren.«

Ein anderes Mal fand Sacher einen Solotrompeter »zu lärmig«, und gab ihm den Rat: »Spielen Sie furchtsam, aber zerbrechlich.«

Der sehr vermögende **Paul Sacher** wurde als Mäzen des Öfteren gerühmt. Es gab aber auch Spötter, die

Paul Sacher

dem Dirigenten unterstellten, er habe das »absolute Gehör«, was bedeute, dass er absolut nichts höre. Das Gegenteil war der Fall: Sacher hörte ausgesprochen kritisch und gut. **Martin Hürlimann**, ein kluger Weltbürger und Freund Sachers, attestierte ihm in einem Brief: »Ich nahm wahr, dass dein Unterscheidungsvermögen nicht nur bei Tonarten genau funktioniert, sondern auch bei Bordeauxjahrgängen.«

Herbert von Karajan dirigierte in Wien Puccinis *La Bohème*. Weil ihm etwas missfiel, rief er auf die Bühne: »Ihr bewegt euch, als wäret ihr in einem Kühlschrank.« Da rief die lyrische Sopranistin **Mirella Freni** zurück: »Maestro, was sollen wir denn sonst tun – hier es ist saukalt und außerdem schneit es!«

»Wie Werke in früherer Zeit wirklich geklungen haben, kann niemand wissen«, meinte der Dirigent **Rudolf Kempe** einmal zu **André Jaunet**. Der Flötist war anderer Ansicht: »Aber Gott weiß es.«

Eines Tages stellte Jaunet mehrere Druckfehler in einer Urtextausgabe fest und fragte: »Herr Kempe, sollen wir Urtext spielen oder richtig?«

Kempes Antwort: »Ich zweifle nicht daran, dass Sie den Urtext richtig spielen.«

Rudolf Kempe saß mit Musikern in einem Bahnabteil. Schon seit längerer Zeit fuhr der Zug auffällig langsam. Nach einer Weile verließ der Dirigent das Abteil. Als er zurückkehrte, fuhr der Zug wieder rasch, und Kempe wurde gefragt: »Haben Sie den Lokomotivführer inzwischen um Ihr ›Tempo‹ gebeten?«

Kempe sah sich eines Tages genötigt, die Uraufführung eines mittelmäßigen Orchesterwerks zu retten und bat den Komponisten um einige Anpassungen. Nach dem Konzert war Kempes Urteil über das Werk im Kreis von Vertrauten nicht gerade löblich. Er sprach von einer »Urabführung« und fügte hinzu: »Es gibt Werke, die gehen in die Geschichte ein und solche, die in der Geschichte eingehen.«

Manche Dirigenten waren ursprünglich Orchestermusiker. Sie hatten »die Orchesterseele« kennengelernt, identifizierten sich mit ihr und waren deshalb von Grund auf mit den Freuden und Nöten eines Orchestermitglieds vertraut. Etliche Orchesterleiter äußerten sogar den Wunsch, zu ihren Ursprüngen zurückzukehren, um selber wieder Töne von sich zu geben. So auch der einstige Oboist **Rudolf Kempe**, der gestand: »… ich hab's manchmal satt, die Luft in Stücke zu zerteilen, meinen Musikern vor der Nase. Ich möchte mich einfach hinsetzen und selber spielen.«

Während einer Probe des italienischen Dirigenten **Alberto Erede** mit dem Orchester des Zürcher Opernhauses geschah ein Missgeschick. Der Maestro saß auf einem alten dreibeinigen Hocker, der unter seiner Last plötzlich auseinanderbrach, wobei Erede unsanft zu Boden fiel. Unbeeindruckt erhob er sich umständlich, wischte sich mit Seidenhandschuhen, die er oft trug, den Staub von seiner Kleidung und meinte zum perplex reagierenden Orchester: »Wissen Sie, so etwas passiert mir fast jeden Tag.« Dann hieß er das Orchester weiterspielen. Und weil ihn kurz danach eine Intonationstrübung störte, sagte er mit weinerlicher Stimme: »Mit der Intonation ist es wie mit der Jungfräulichkeit. Entweder sie ist oder sie ist nicht.«

Bonmots aus der Probentätigkeit des Dirigenten **Kurt Sanderling**:

- »Meine Damen und Herren – es ist wirklich das einzige Privileg, das ein Dirigent hat: Er darf alleine reden.«
- »Was sind wir für glückliche Menschen, dass wir unser Hobby zum Beruf haben.«
- »Sagen Sie nicht immer ›nein‹, auch wenn der Dirigent im Unrecht ist.«
- »Schlecht spielen ist immer noch schwerer als schlecht dirigieren.«

- »Meine Herren Blechbläser – spielen Sie heute Abend im Konzert so laut als Sie glauben spielen zu sollen.«
- »Als Gastdirigent kann ich mir erlauben beliebt zu bleiben. Als Chef muss ich mir unter Umständen gestatten, unbeliebt zu werden.«
- »Meine Herren Kontrabassisten – ich habe eine gewisse Affinität zu Kontrabass. In zwei Tagen kommt meine Frau, sie ist Kontrabassistin. Bitte spielen Sie schon heute mit mehr Vibrato. Es wäre schade, wenn unser Eheleben deswegen Schaden nähme.«

»Haben Sie vergessen, dass Sie für die Rolle des Torreros verpflichtet sind und nicht für jene des Stiers?«

Seine letzten zehn Lebensjahre verbrachte der 1585 geborene **Heinrich Schütz** meistens in der Residenzstadt des Herzogtums Sachsen-Weißenfels. Erhaltene Manuskripte dieses hochberühmten Komponisten sind selten. Deshalb horchte die Fachwelt auf, als Bauarbeiter nach 2010 bei Sanierungsarbeiten unter alten Dielen von Mäusen zerfressene Text- und Notenfragmente des Komponisten vorfanden. Nach seinem Tod waren sie in seinem Wohnhaus als ritzenfüllendes Isolationsmaterial verwendet worden.

Johann Mattheson und **Georg Friedrich Händel** verband eine Hassliebe. Gerade dem Jünglingsalter kaum entwachsen, duellierten sich die beiden Hitzköpfe auf dem Hamburger Gänsemarkt. Sie hatten sich am 5. Dezember 1704 während der Vorstellung von Matthesons Oper *Cleopatra* übel gestritten, weil jeder darauf beharrte, vom Cembalo aus die Aufführung zu leiten. Für Händel wäre dieses Duell fast tödlich verlaufen. Ein Schutzengel verhinderte jedoch das Schlimmste: Die Klinge von Matthesons Degen zersprang an einem metallenen Rockknopf seines Kontrahenten – und die Streithähne versöhnten sich noch am gleichen Abend.

Der große Franzose **Jean-Philippe Rameau** lag im Sterben. Ein herbeigerufener Geistlicher trat ans Sterbebett, ermahnte den Komponisten zur Buße, spendete Trost und sang eine Litanei. Rameau war erschöpft, atmete schwer. Aber plötzlich rief er mit schwacher Stimme: »Hochwürden, ich bitte Sie, singen Sie nicht so falsch.«

Am 19. April 1774 fand in der Opéra de Paris die erfolgsgekrönte Uraufführung von **Christoph Willibald Glucks** *Iphigenie in Aulis* statt. Der Schlussapplaus war stürmisch, ja, er »artete in Raserei aus«. Es war von »holdem Wahnsinn« die Rede. Auch Marie-Antoinette, eine langjährige Schülerin Glucks war entzückt und zitierte den Komponisten in ihre Loge. Gluck verneigte sich vor der mit Juwelen geschmückten Königin, die ihn mit Lorbeer bekränzte. Als er aufblickte, erschrak er und wies mit zitternder Hand auf die Monarchin. »Barmherziger Gott!«, rief er. »Ihr habt einen Streifen Blut um den Hals! Euer Haupt wankt und fällt!«

Dann wurde er ohnmächtig, und die Königin verließ mit ihrem Gatten, Louis XVI, überstürzt die Loge, den Komponisten zur Behandlung ihrem Leibarzt hinterlassend. Neunzehn Jahre später, am 16. Oktober 1793, starb sie – Marie-Antoinette, Frankreichs letzte Königin – unter dem Beil der Guillotine.

Luigi Cherubini wurde als Direktor des Conservatoire de Paris von einem Sänger gebeten, ihn zu beurteilen. Er ließ ihn vorsingen. Nach der Frage des Sängers: »Alors, Monsieur le directeur, wo sehen Sie mein Talent?«, spitzte Cherubini seinen Mund und sagte maliziös: »Vous êtes un vendeur à la criée« – »Sie sind ein Marktschreier.«

Der Opernkomponist **Daniel-François-Esprit Auber** stand noch im 88. Lebensjahr dem Conservatoire National Supérieur de Musique de Paris als Direktor vor. Als er kurz vor seinem Tod dem Begräbnis eines Freundes beiwohnte, sagte er: »Das ist wohl das letzte Mal, dass ich bei einer Beerdigung als Amateur anwesend bin.«

Charles Gounod lief einem Leierkastenmann über den Weg, der mit seiner Drehorgel eine scheußlich entstellte Melodie aus *Margarethe* abspielte. Verärgert meinte der Komponist über diese Darbietung aus seiner Oper: »Leider gelangen wir oft erst durch Verleumdung zur Popularität.«

Der Theaterdirektor **Franz Freiherr von Dingel-stedt** war ein Nörgler. Dem aufstrebenden Komponisten und Kapellmeister **Franz Liszt** begegnete er in Weimar mit Missgunst. Als Liszt seinen jungen Komponistenkollegen Peter Cornelius am 15. Dezember 1858 mit der Uraufführung seines Musiklustspiels *Barbier von Bagdad* fördern wollte, verweigerte Dingelstedt die Finanzierung für die Werkausstattung. Statt einer benötigten Kiste, in der sich der Liebhaber hätte verstecken sollen, so der Theaterdirektor, würde Falstaffs Wäschekorb genügen. Liszt widersetzte sich und ließ eine dekorierte Mehlkiste herrichten. Von Dingelstedt empörte sich und sann nach Rache. Er heuerte eine Clique bezahlter Störenfriede an, welche nach der Ouvertüre Laute des Missfallens von sich gaben, die in einem Tumult endeten. Nach der Vorstellung ging Liszt auf von Dingelstedt zu und ätzte scharfzüngig: »Nachdem, was sich heute Abend zugetragen, setze ich keinen Fuß mehr in deine Bude!«

Hans von Bülow, Generalmusikdirektor des Hoftheaters Hannover, war gefürchtet. Als ihm die Partitur einer neuen Oper vorgelegt wurde, urteilte er unbarmherzig: »Diese Dilettantenware dirigiere ich nicht!«

Weil der Komponist hohe Protektion genoss, wurde das Werk dennoch aufgeführt, und eine gut bezahlte Claque versuchte, das gelangweilte Publikum zu heftigem Applaus anzuspornen. Als der Komponist auf die Bühne gerufen wurde, geschah Überraschendes: In Grabesstimmung erschien auch von Bülow, rabenschwarz gekleidet. Auf seinem Zylinderhut wehte ein schwarzer Schleier, und auf der goldgeprägten Schleife eines schwarzgefärbten Lorbeerkranzes, den er hochhielt, stand: »Ruhe sanft.«

Er ging auf den siegestrunkenen Komponisten zu, hängte ihm den Kranz um den Hals, drückte ihm eine Zitrone in die Hand, schüttelte dem Dirigenten des Abends beide Hände und sagte gespielt weinerlich: »Herr Kollege, ich kondoliere! « Damit war die Oper begraben.

»Die wohl berühmteste Sängerin aller Zeiten«, hieß es einst, sei **Jenny Lind** (1820–1887). Zeitgenossen schwärmten, sie sei eine »Schwedische Nachtigall« und habe keine Stimme, sondern eine silberne Glocke in der Kehle. Ihre Karriere verlief einzigartig, ihr kometenhafter Aufstieg schien grenzenlos. Mit einer Riesengage hatte sie ihr Manager Phineas Barnum in die Vereinigten Staaten gelockt. Bereits am fünften Konzertabend zahlte sie ihm aber die Konventionalstrafe von 75 000 Dollar und setzte die Tournee auf eigene Rechnung fort. Acht Monate später, als sie aus Amerika zurückkehrte, hatte sie über drei Millionen verdient. Dennoch lebte sie bescheiden. Und ihr enormes Vermögen ließ die aus einfachen Verhältnissen stammende Künstlerin Wohltätigkeits- und Ausbildungsinstitutionen zukommen.

Felix Mendelssohn Bartholdy, der mit **Jenny Lind** eine enge, wenn auch unglückliche Freundschaft pflegte, meinte über die Sängerin: »In Jahrhunderten wird keine Persönlichkeit gleich der Lind geboren.«

Giacomo Meyerbeer ließ **Jenny Lind** wissen, Franz Grillparzer habe sie mit einer Taube verglichen, worauf die Sängerin empört ausrief: »Eine Taube soll ich sein? Geier und Adler muss eine Künstlerin in der Brust haben, wenn sie packen soll, und Phantasie!«

Der französische Opernsänger **Jean-Baptiste Faure** konnte seinen Beruf bis ins 80. Lebensjahr souverän ausüben, was bei Sängern selten möglich ist. Als Pädagoge war er den jungen Sängerinnen und Sängern ein Vorbild. Einmal sagte er: »Vous chantez avec ceci, mon ami« – »Sie singen mit dem, mein Freund«, und er zeigte auf dessen Kehlkopf, um hinzuzufügen: »Moi, je chante avec cela« – »Ich singe mit diesen«, und er tippte auf Herz und Stirn.

Weil **Giacomo Puccini**, Sprössling einer Komponistendynastie, infolge einer schweren Erkrankung befürchtete, seine Oper *Turandot* nicht mehr fertigstellen zu können, meinte er: »Meine Oper wird unvollendet bleiben und jemand wird dem Publikum mitteilen: ›An dieser Stelle starb der Komponist.‹«

Wenige Monate später starb Puccini an Kehlkopfkrebs.

Bei der Uraufführung, am 25. April 1925, ereignete sich in der Scala di Milano, was der Komponist vorausgeahnt hatte. Arturo Toscanini brach an der besagten Stelle die Aufführung ab und verkündete: »Hier endet das Werk des Maestros.« Spätere Vorstellungen wurden allerdings in einer von Franco Alfano ergänzten Fassung (nach Entwürfen Puccinis) gespielt.

Sergej Djaghilew, der die Ballettkunst des 20. Jahrhunderts maßgebend geprägt hat, brachte in Paris verschiedene russische Opern zur Aufführung. Um auch Modest Mussorgskis Fragment gebliebene Oper *Chowanschtschina* einzuplanen, bat er **Igor Strawinsky**, das Werk zu vollenden. Strawinsky, im Vorfeld der Uraufführung seines Balletts *Sacre du Printemps* bereits beansprucht, nahm den Auftrag zwar an, tat sich aber zu seiner Entlastung mit **Maurice Ravel** zusammen, um mit ihm, im März und April 1913, in Clarens am Genfersee, die Ergänzungen an Mussorgskys Oper vorzunehmen. Über die Honorare für die beiden Komponisten wurde allerdings gestritten. Der Pariser Verlag W. Bessel & Co beschuldigte die Komponisten, für ihre Arbeit zu hohe finanzielle Forderungen zu stellen. Aber die Musiker konterten unbeeindruckt: »Die Tatsache, dass Sie Mussorgsky nichts bezahlt und es sogar fertiggebracht haben, den armen Mann verhungern zu lassen, ist ein triftiger Grund, wenigstens uns anständig zu honorieren!«

Mussorgski war 1881 zweiundvierzigjährig an den Folgen seiner Trunksucht gestorben.

Der Sänger **Fjodor Schaljapin** war so berühmt, dass er sogar auf einer russischen Münze verewigt wurde. Als er noch unbekannt war, fragte ihn ein Kutscher: »Mein Herr, was arbeitest du?«

»Ich singe.«

Der Kutscher lachte: »Ich meine, was ist dein Beruf? Ich singe ja auch. Besonders, wenn ich eins getrunken habe und die Zeit nicht vergeht.«

Schaljapin sang 1928 an der Metropolitan Opera New York in Gounods *Margarethe* den Mephisto. Im Publikum saß der Präsident der USA, Calvin Coolidge. Er war vom russischen Bariton so angetan, dass er ihn nach der Vorstellung in seine Loge bat, worauf Schaljapin in der furchterregenden Montur des Mephisto zum

Präsidenten eilte, um dämonisch grinsend zu verkünden: »Es ist nicht üblich, dass der Präsident zum Teufel geht. Dafür aber glückt's dem Teufel, wann und wo immer es ihn gelüstet, den Präsidenten aufzustöbern!«

1925 tourte der Tenor **Leo Slezak** durch die USA. In Georgia, wo der Ku-Klux-Klan die Farbigen mit Hunden und Schrotflinten über die Felder gehetzt hatte, hatte der Bürgermeister von Atlanta den Manager angefleht, die Oper *Otello* abzusagen, weil man für die Sicherheit des als Mohren geschminkten Slezak nicht garantieren könne. Der Magistrat befürchtete, es könne böses Blut geben, wenn ein »Schwarzer« eine weiße Frau küsse und ihr zudem auch noch den Hals umdrehe. Der Sänger wusste aber von nichts und die Vorstellung fand trotzdem statt. Als Slezak nach der Aufführung den Speisesaal seines Hotels betrat, zischte es ihm hasserfüllt entgegen: »Here is no place for colored people!« – »Farbige haben hier nichts zu suchen.«

Und dem Sänger wurde nahegelegt, die Stadt unverzüglich zu verlassen.

Der Bariton **Tita Ruffo** erzählte vor Freunden: »Ich war mit **Enrico Caruso** an der Metropolitan Opera New York engagiert und sang eines Abends mit ihm in Verdis *Otello*. Caruso sang den Otello, ich den Jago. Im ausverkauften Haus war ›der milliardenschwere

Geldadel‹ versammelt, und wir beide waren in ausgezeichneter Verfassung. Als wir im wunderschönen Duett wie vorgesehen kurz pausierten, flüsterte mir Caruso zu: ›Ich singe jetzt für Dich.‹ Und der unübertreffliche Tenor sang tatsächlich meinen Part! [Dank einer großartigen Technik verfügte er auch über eine beträchtliche Tiefe.] Da ich als Bariton eine gute Höhe hatte, setzte ich sogleich mit Carusos Part ein. Ein Rausch der Lebensfreude erfasste uns und wir gerieten fast in Ekstase. Nach der Vorstellung waren wir beglückt, weil auch Kenner im Publikum den Stimmentausch nicht bemerkt hatten.«

Der Tenor **Beniamino Gigli** hatte sich nach einer Vorstellung von Giacomo Meyerbeers *Afrikanerin* in der Metropolitan Opera New York sehr verspätet und fürchtete, für einen Auftritt in Atlanta den Zug zu verpassen. Da ihm keine Zeit mehr zum Umkleiden blieb, warf er sich seinen Mantel übers Kostüm und bat den Taxifahrer auf der Fahrt zum Bahnhof um größte Eile. Gigli hatte Glück. Unmittelbar vor der Abfahrt bestieg er abgehetzt den Zug. Beim Betreten seines Abteils entledigte er sich seines Mantels und löste ein erschrecktes Gekreische einer Mitreisenden aus. Vor ihr stand – mittelalterlich kostümiert, furchteinflößend geschminkt, mit goldenem Ring im Ohr – Vasco da Gama, der kühne Seeheld.

Thomas Beecham

Als **Sir Thomas Beecham** einmal mit seiner Opera Company unterwegs war, stellte einer der Sänger dem Dirigenten seinen Sohn vor. »Kannst du auch singen?«, fragte ihn Sir Thomas. Der Junge antwortete naserümpfend: »Nein Sir, überhaupt nicht!«

Da spottete Sir Thomas: »Das muss in der Familie liegen.«

Sir Thomas Beecham unterbrach in Covent Garden London eine Probe von Bizets Carmen, weil er einen Brüller unter den Sängern zur Raison bringen wollte.

Er stellte ihm die süffisante Frage: »Haben Sie vergessen, dass Sie für die Rolle des Torreros verpflichtet sind und nicht für jene des Stiers?«

Der Dirigent **Leo Blech** war bekannt für »scherzhafte schriftliche Ermahnungen ans Personal« der Deutschen Staatsoper Unter den Linden in Berlin. Weil **Erna Berger** als Königin der Nacht in der *Zauberflöte* von einem Bühnenhandwerker versehentlich zu früh auf einem Gefährt von der Bühne weggerollt wurde (sie hätte weitersingen sollen!) zischte sie ihm zu: »Raus, ich muss nochmals raus!« Es ging um Sekunden! Und wie durch ein Wunder gelang ihr »Rücktransport« rechtzeitig.

Nun hatte der Dirigent die Sängerin zuvor gebeten, am Schluss ihrer Bravourarie »Mozart« zu singen und nicht ein oft übliches unmozart'sches hohes C. In der Aufregung sang sie trotzdem diesen Ton, und Blech schrieb ihr anderntags als Ermahnung: »Meine Verehrteste! Sie müssen ja großen Respekt vor Ihrem Herrn Kapellmeister haben, dass Sie nicht einmal das beachten, was er Ihnen mit meiner gütigen Erlaubnis gesagt hat und eigenmächtig ein hohes C einlegen. Bitte tuns das nächstens nicht wieder, aufm Bauch liegt sich's net gut. *Mozart*«

Der Bassist **Michael Bohnen** sang an der Deutschen Staatsoper den Kaspar in Carl Maria von Webers *Freischütz*. Der Dirigent **Wilhelm Furtwängler** ließ sich vom wunderbaren Sänger hinreißen, weshalb er das Tempo kurzeitig schwelgerisch verlangsamte, um es unerwartet wieder zu beschleunigen, was Bohnen ins Schlingern brachte. Zu seiner vermeintlichen Rettung klopfte Furtwängler mit dem Dirigierstock den Takt aufs Pult. Den Sänger erzürnte dies sehr, weshalb Furtwängler – so berichtet die Sängerin Erna Berger – den gekränkten »primo uomo« um Verzeihung zu bitten hatte. Vorher allerdings schmetterte Michael Bohnen dem Dirigenten, ihn dämonisch fixierend, entgegen: »Triumph, Triumph, Triumph, die Rache gelingt!«

Vor 1938 wohnte der spätere Hamburger und Pariser Opernintendant **Rolf Liebermann** in Wien. Weil er für den Besuch der Oper *La Bohème* verhindert war, bot er seiner Putzfrau zwei Eintrittskarten an. Sie schüttelte den Kopf und sagte zu seiner Verblüffung: »Nein danke, lieber nicht. Heute Abend singt Frau A. die Musette. Gerade in dieser Partie finde ich sie unausstehlich!«

Liebermann kommentierte die Episode: »Wien ist die einzige Stadt, wo die Straßenbahnschaffner *Zauberflöten*-Arien vor sich her pfeifen.«

2007 stellte **Wilhelm Sinkovicz** fest, dass in Wien künstlerische Höhenflüge noch anfangs der 1960er Jahre für außermusikalische Dispute sorgten. Aber er fügte hinzu: »Seither hat sich auch in der ›Welthauptstadt der Musik‹ viel verändert. Mit Taxifahrern kann man jedenfalls nicht mehr darüber diskutieren, wer der bessere Verdi- oder Mozart-Dirigent für Wien sei.«

Birgit Nilsson besaß eine unvergleichlich schöne Stimme. In einer *Fidelio*-Probe lobte **Leonard Bernstein** die Sängerin: »Danke, dass du die hohen Töne genau so schön singst, wie ich es mir wünsche!«

Nilsson antwortete: »Ich bin froh, dass ich auf meine alten Tage immer noch hohe Töne singen kann«, und auf ihre ausgeprägte Leibesfülle zeigend, meinte sie augenzwinkernd: »Schließlich will ich nicht immer allein wegen meiner optischen Reize engagiert werden.«

Nicht nur Bernstein, sondern auch **Herbert von Karajan** war gewandt im Anwenden des Vokabulars eines Regenten, wenn es darum ging, weshalb Sängerinnen und Sänger mit ihm gern arbeiteten. Er sagte: »Ich gebe ihnen die Freiheit, die sie brauchen, damit sie das tun, was ich will.«

Eine Tochter eröffnete ihren Eltern den Wunsch, einen Sänger zu heiraten, der demnächst in der Oper den *Don Giovanni* singe. Nach dieser Ankündigung reagierten die Eltern besorgt, doch die Tochter beschwichtigte, der Sänger sei ein wunderbarer Mensch und sie überredete ihre Eltern, sich den Angebeteten doch einmal anzuhören. Sie willigten ein, und nach der Aufführung meinte der Vater zum Sänger: »Ich bin beruhigt. Sie sind kein Don Giovanni!«

Der langjährige Leipziger Gewandhauskapellmeister **Kurt Masur** äußerte sich in seinen *Schreier-Gedanken* über den Sänger-Dirigenten Peter Schreier: »Es ist zu ärgerlich: Er ist tatsächlich vollkommen und ungeheuer sympathisch. Er spricht eine gepflegte Sprache, ohne unnatürlich zu sein – besitzt eine herrliche Stimme und singt doch nie selbstverliebt wie viele andere. Er ist eminent musikalisch und sieht gut aus, ohne schön zu sein, ist wohlgenährt, ohne dick zu sein, hat eine reizende Familie und besitzt die große Gabe, Menschen glücklich zu machen. Somit scheint sein Glück auf dieser Erde vollkommen. Inzwischen hat er allerdings angefangen zu dirigieren. Deshalb wird wohl bald jemand ein Haar in seiner Suppe finden!«

Der Operndirigent **Nello Santi** hatte ein geniales Gedächtnis. Kleinste Einzelheiten seiner zahlreichen Partituren waren ihm vertraut. Auch über Geschehnisse, die Jahrzehnte zurücklagen, wusste er detailliert zu berichten. Und spaßeshalber wurde ihm einst nachgesagt, seine ganze Intelligenz sei durch sein Wissen verdrängt worden.

Heinz Marti wandte sich in seiner Funktion als Orchestervorstand an den Zürcher Operndirektor Claus Helmut Drese und ließ ihn wissen, die Gattin von **Nello Santi** habe mit einem Aufnahmegerät eine ganze Oper unerlaubt aufgezeichnet. Am nachfolgenden Sonntagmorgen klingelte bei Marti das Telefon. Es meldete sich Santi, der mit einem Wortschwall die Tonaufzeichnung zu rechtfertigen suchte. Marti hörte geduldig zu, und das Gespräch endete versöhnlich. Als später, vor einer weiteren Aufführung unter Santis Leitung, jemand ein Mikrofon in Aufnahmeposition brachte, intervenierte Santi höchstpersönlich. Nach Worten ringend rief er zu Marti: »Sie sehe, diessemal nich is meine Frau an die Mikrofon!«

Mitglieder des Tonhalle-Orchesters Zürich hatten in der Zürcher Oper einmal ungeprobt die Bühnenmusik in Giuseppe Verdis *Rigoletto* gespielt. Nach der Vorstellung gab es für die Musikerinnen und Musiker

Schelte. Der Dirigent des Abends, **Nello Santi,** monierte empört, sie hätten viel zu perfekt gespielt. Eine *banda* müsse, wie in Italien üblich, falsch klingen.

Armin Jordan, Chefdirigent des Orchestre de la Suisse Romande, traf sich mit dem Opernintendanten Hermann Juch. Im Gespräch erklärte der Opernintendant: »Wir in Düsseldorf machten das früher so …«, und: »In Düsseldorf ist es Brauch …«

Worauf Jordan neugierig fragte: »In welchem Dorf, bitte?«

Christoph Eschenbach meinte einmal: »Arbeit ist meine Devise.« Sein Dirigentenkollege **Armin Jordan** war da anderer Ansicht. Er sagte: »Arbeit bringt meine Devisen.«

Wenn es der Sopranistin **Edda Moser** an etwas nicht mangelte, dann an Selbstbewusstsein. So kritisierte sie einmal vor den Berliner Philharmonikern ein Tempo einer Komposition von **Hans Werner Henze,** die der Komponist selber dirigierte. Henze reagierte gelassen und fragte die Sängerin: »Wie schnell hätt'ste es denn gerne?«

In einem Meisterkurs von **Brigitte Fassbaender** wurde ein Student gleich zu Beginn des Unterrichts von der Mezzosopranistin gefragt: »Was machst du eigentlich mit den Oberschenkeln?« Und gleich fügte sie noch hinzu: »Bitte nicht so ernst. Du musst die Stirn entfalten; die Falten kommen früh genug!«

Juan Ruax war ein ungewöhnlicher Sänger. Wegen seiner Kinderlähmung war er auf einen Rollstuhl angewiesen, sein Brot verdiente er zeitweise als Zahntechniker. Obwohl sängerisch Autodidakt, war er als Gesangslehrer aber sehr gefragt. Als sein einstiger Schüler, der inzwischen berühmte **José Carreras**, seinen früheren Maestro nach Jahren wieder einmal in Barcelona aufsuchte, beklagte er sich bei ihm: »Irgendetwas stimmt nicht mit meinem hohen C!«

Der Maestro stellte richtig: »Was regst du dich auf? Du hast noch nie ein hohes C gehabt ...«

Der frühere Solo-Oboist an der Komischen Oper (Ost-)Berlin, **Klaus Gerbeth** ist ein offener, kontaktfreudiger Mensch. Schon vor der Wende gingen in seiner Wohnung zahlreiche Menschen ein und aus: Künstler, Gelehrte, kritische Persönlichkeiten, auch Kommunisten. Die Gespräche waren gehaltvoll, spannend, zuweilen überbordend. Nur über Politik, so wollten es die Gastgeber, durfte nicht diskutiert werden. Dennoch (oder gerade deswegen) wurde die Idylle durch den Staatssicherheitsdienst überwacht.

Eines Abends kehrte Klaus Gerbeth von einem offiziellen Empfang zurück. Nach einem Geheimprotokoll hatte er sich dort mit seiner Exzellenz, dem Britischen Botschafter, rege ausgetauscht. Tage danach eskalierte der »Fall«: Der Diplomat fuhr in einer schwarzen Limousine zum Wohnhaus des Oboisten. Zeitgleich tauchte eine Stasi-Limousine mit vier Männern auf, einer davon mit Kamera. Der Botschafter klingelte bei Klaus Gerbeth. Was dann geschah, wurde aktenkundig: Die beiden, der Oboist und der Oboe spielende Botschafter betätigten sich völlig unverdächtig – sie fertigten nämlich Mundstücke für ihre Instrumente an.

Wie **Thomas Quasthoff** berichtete, verlief die erste Begegnung zwischen ihm und dem 70-jährigen Cellisten **Mstislaw Rostropowitsch** auf dem Schiff Mermoz in Marseille übel. Ans Musizieren war nicht zu denken. Stattdessen wurde gesoffen, und zwar Wodka aus Wassergläsern, die Portion zu hundertfünfzig Millilitern. Danach durfte der Sänger zum Cellisten »Slawa« sagen. Und, weil er sich »vor einem Genie nicht blamieren wollte«, ließ sich Quasthoff tüchtig nachschenken. Nach dem dritten Glas konnte er sich an nichts mehr erinnern. Anderntags stand Rostropowitsch wieder putzmunter an der Reling, den quälend lächelnden, Brechreiz verspürenden Sänger gutgelaunt begrüßend: »Aaaah, gutt morning, Tommi. You sleep too long. I see, you need other lessons in Russian style.« – »Guten Morgen, Tommi. Du schläfst zu lange. Ich stelle fest, dass du noch weitere Lektionen in russischen Sitten brauchst.«

Thomas Quasthoff meinte einmal: »Ein guter Liedpianist [...] muss schon, bevor er den Ton singt, wissen, was passiert. Antizipation heißt das Zauberwort.«

Rudolf Kempe verfügte über diese Fähigkeit in hohem Maß. So attestierte der legendäre Pianist **Arthur Rubinstein** dem Dirigenten einmal: »Sie sind der beste Begleiter, den ich je hatte.« Das daran anschließende Konzert mit dem Tonhalle-Orchester Zürich blieb als Sternstunde unvergessen.

»Wenn Sie sterben müssen, haben Sie es dann etwa eilig?«

Erich Leinsdorf probte mit einem Laienchor Beethovens *Neunte*. Die Sängerinnen und Sänger bemühten sich, ihr Bestes zu geben, aber der Dirigent war unzufrieden und rief gereizt: »Ich sehe Sie singen, aber höre Sie nicht!«

Als der Chor schließlich mit »Freude schöner Götterfunken ...« einsetzte, unterbrach Leinsdorf, zog ein weißes Taschentuch hervor, schnäuzte sich geräuschvoll, verzog sein Gesicht und begann gespielt herzerweichend zu schluchzen: »Freude, Freude ...« Dann meinte er: »So tönt ›Freude‹ bei Ihnen! Weshalb sind Sie eigentlich so traurig?«

Sir Georg Solti gastierte mit dem Tonhalle-Orchester Zürich in Valencia. Der prominente Dirigent wurde auf dieser Reise vom Alltag eingeholt, denn der Hochbetagte hatte in der Garderobe stapelweise CDs mit seinem kurzen Namen zu signieren. Dabei seufzte er und sagte: »Ich danke dem lieben Gott, dass ich einen kurzen Namen habe und nicht [wie der Dirigent und Komponist] Stanislaw Skrowaczewski heiße ...«

Der schwarzamerikanische Dirigent **Dean Dixon** war zu Beginn seiner ersten großen Auftritte rassistischen Äußerungen ausgesetzt, über die er berichtete: »Ich galt als Schaubudenattraktion, als tanztrommelschlagender Zulu-Neger … Mein Manager war untröstlich, als ich mich weigerte, mir einen goldenen, bis in die hinteren Ränge sichtbaren Ring ans Ohrläppchen kleben zu lassen. Das sollte ein Gag fürs Publikum sein. Und ein anderer Herr schlug vor, ich solle mein Gesicht weiß schminken und mir zum Dirigieren weiße Handschuhe anziehen. Kaum hatte ich in Europa Fuß gefasst, sagte ein prominenter deutscher Dirigent zu meinem Agenten: ›Was höre ich da, ein Schwarzer dirigiert Brahms? Das darf doch nicht wahr sein!‹ Manch einer teilte diese Auffassung. Gershwin, ja. Allenfalls noch Ravels *Bolero* und de Falla. Aber Beethoven, Schubert, Brahms! Gott behüte!«

Nach führenden Positionen in Göteborg, Frankfurt und Sidney kehrte Dixon 1970 im Triumph nach New York zurück, und Bürgermeister John Lindsay überreichte dem neuen Ehrenbürger den goldenen Schlüssel der Stadt. Dixons Mutter war als Ehrengast zugegen. Ihre ersten Worte beim Wiedersehen: »Dean, ich finde, du solltest dir die Haare schneiden lassen.«

Dean Dixon war ein wunderbarer Musiker. Nur mit der deutschen Sprache haperte es bisweilen: »Jätzt schpillen wir Mouzart.« Oder: »Nähmen Sie eine mächtige Loch.« Und den Blechbläsern empfahl er: »Dort nähmen Sie bitte eine große Stuck Luft.«

Wolfram Lehnert, erster Violinist des Beethoven Orchesters Bonn, berichtete über einen Dirigierstudenten, dessen harte, ruckartig dirigierte Auftakte das Orchester irritierten. Weil die Einsätze so nicht gelingen konnten, gab der Jungdirigent dem Orchester die Schuld. Der Dirigent **Kurt Masur**, sein Professor, maßregelte den Studenten: »Versuchen Sie nie, einen eigenen Fehler auf jemand anders abzuwälzen!«, worauf er, die Hände in den Hosentaschen, mit einer winzigen Kopfbewegung den präzis gelingenden Einsatz gab. Weil dies den Jungdirigenten aber immer noch nicht zu überzeugen schien, ließ Masur das Orchester allein spielen. Auch hier: Nach einem kleinen Zeichen des Konzertmeisters spielte das Orchester erneut perfekt. Und der Jungdirigent versicherte kleinlaut, »daran zu arbeiten«.

Sixten Ehrling leitete das Filharmoniska Orkester der Kunliga Operan Stockholm. Als einmal alle Lichtquellen, außer einem fahlen Notlicht ausgingen, unterbrach das Orchester sein Spiel. Ehrling dirigierte jedoch unbeirrt weiter. Erst als er auf die Strompanne angesprochen wurde, hielt er inne und murrte: »Ich bin kein Elektriker.«

Herbert Blomstedt dirigierte in Stockholm im Konserthuset. Als Solisten waren die Cellistin Jacqueline du Pré sowie der Pianist Daniel Barenboim angekündigt. Nach dem Konzert lud der schwedische Dirigent die beiden zu einem Imbiss in sein weit außerhalb Stockholms gelegenes Anwesen ein. Die Mahlzeit bestand aus Knäckebrot mit sauren Gurken.

Blomstedt, eben offiziell zum neuen Music Director der San Francisco Symphony erkoren, flanierte 1985 mit dem Orchesterintendanten an einem wenig belebten Küstenabschnitt der pazifischen Stadt. Da kam ihnen ein bedrohlich wirkender Mann entgegen und Blomstedt meinte: »Gut, dass ich jetzt nicht allein bin.« Der Mann näherte sich, zeigte auf den erschreckten Blomstedt und rief: »Welcome in San Francisco, Maestro!«

Herbert Blomstedt, der betagteste Altmeister unter den Dirigenten liebt die von ihm geleiteten Orchester: »Ich verspüre grundsätzlich Bewunderung für die Orchestermitglieder. Diese Bewunderung fällt mir sehr leicht, denn alle haben etwas, das ich nicht habe. Und davon kann ich nur lernen.«

Offensichtlich war die Rücksichtnahme auf den 92-jährigen **Herbert Blomstedt** nicht angemessen. Als ihm im Sommer 2019, anlässlich einer Probe mit dem Tonhalle-Orchester Zürich ein Stuhl angeboten wurde, lachte er verschmitzt und meinte: »Bitte nicht. Ein Stuhl ist doch etwas für alte Leute.«

Nikolaus Harnoncourt dirigierte bei den Osterfestspielen Luzern das Oratorium *Der Tag des Gerichts* von Georg Philipp Telemann. Vor dem Konzert wurde der Dirigent von einer Mitarbeiterin der Verwaltung gefragt, an welchen Stellen zu spät kommende Besucher eingelassen werden könnten. Die Frage wurde geklärt, und jemand meinte ironisch: »Nach der *Zweiten Betrachtung* können jene das Konzert verlassen, denen das Werk oder die Aufführung nicht zusagt«, worauf Harnoncourt feststellte: »Die verpassen dann allerdings das Paradies.«

Dynastien berühmter Dirigenten sind selten. **Carlos Kleiber,** ähnlich legendär wie sein Vater Erich Kleiber, erzählte, dass der ihn im Exil in Buenos Aires hart geschult habe. Schon im Jugendalter musste er Bratschen- oder Cellostimmen eines Symphoniesatzes auswendig lernen, um sie danach dem gestrengen Vater fehlerfrei vorzusingen.

Dass ein Orchestermitglied eine Opernaufführung versehentlich versäumt, kommt äußerst selten vor. Leider passierte es eines Tages eben doch, und der »Sünder« wurde von **Nello Santi** höchstpersönlich auf perfide Weise gemaßregelt. Der Dirigent besprühte den Musiker mit einem penetranten Parfüm und forderte ihn auf: »Nun gehen Sie nach Hause und erklären ihrer Frau, wo Sie gewesen sind!«

Anlässlich des 85. Geburtstags von **Nello Santi** ging im Zürcher Opernhaus ein Galakonzert über die Bühne. Der Festredner, Opernintendant Andreas Homoki, würdigte den Dirigenten. Seit 58 Jahren sei Santi inzwischen hier tätig. Allein in Zürich habe er 94 Premieren und weit über tausend Vorstellungen dirigiert. Der Geehrte nutzte die Feierstunde, um den Festabend selber zu dirigieren, wobei er nach der überschwänglichen Laudatio forderte: »Nach so viel Lob erwarte ich einen Fünfzehnjahresvertrag!«

Armin Jordan probte Gabriel Faurés *Requiem* sowie Frank Martins *Jedermann-Monologe*. »*Jedermann*«, erklärte er, »das ist ebenfalls Todesmusik.«

Als die Streicher hektisch zu spielen begannen, korrigierte er: »Etwas ruhiger bitte. Wenn Sie sterben müssen, haben Sie es dann etwa eilig?«

Eines Tages »beklagte« sich **Jordan**: »Meistens, wenn mein Telefon klingelt, werde nicht ich als Dirigent verlangt, sondern mein Sohn [Philippe Jordan, Musikdirektor der Wiener Staatsoper ab 2020]. Doch an diesem deprimierenden Zustand bin ich als Vater genau zur Hälfte selber schuld.«

Armin Jordan stellte einmal fest, ihn würden eigentlich besonders jene Huster in Aufführungen verärgern, die stets dann nicht zu bremsen waren, wenn es am meisten störe. Nach einer Aufführung in Genf gelang es ihm, einen eifrigen Huster im Publikum ausfindig zu machen. Der bekam hinterher von ihm zu hören: »Im Gegensatz zu mir bezahlen Sie für Ihre Auftritte.«

Alfred Brendel sprach in einem Interview mit der *Neuen Zürcher Zeitung* von der Notwendigkeit, als Solist vom Publikum zu fordern: »Entweder Sie husten oder ich spiele!« Später schrieb Brendel in seinem Buch *A bis Z eines Pianisten:* »In Chicago hörte ich während eines sehr leisen Stücks auf zu spielen und sagte dem Publikum: ›I can hear you, but you can't hear me.‹ Danach hustete tatsächlich niemand.«

Das Landgut einer deutschen Industriellenfamilie außerhalb Luzerns war einladend. Inmitten eines gepflegten Parks stand eine Villa, dahinter erschien die Silhouette der Zentralschweizer Alpen, im Vordergrund warf der Vierwaldstättersee sanfte Wellen. Dorthin wurden bekannte Künstler des Lucerne Festivals eingeladen und fanden eine befristete Bleibe in prachtvoller Umgebung. Eines Morgens meldete sich ein südländisch aussehender Mann in auffallend abgetragener Kleidung. Die Gastgeberin wies ihn in eine bescheidene Unterkunft in ein Gartenhaus. Nach kurzem Augenschein kam der Mann zurück und bat um ein Taxi. Peinlich berührt meinte die Dame: »Das ist ein Missverständnis. Offensichtlich sind Sie nicht der Gärtner, den ich erwartet habe …«

Der vermeintliche Gärtner gab sich zu erkennen: »Ich bin **Claudio Abbado**.« Die Gastgeberin bat um Nachsicht. Und der designierte Chefdirigent der Berliner Philharmoniker wurde in sein Zimmer geleitet.

David Zinman war oft in Begleitung seines schwarzen Königspudels. Gäste des Dirigenten bewunderten die guten Manieren des edlen Tiers. Schon auf Blicke Zinmans reagierte es, und die Gäste fragten erstaunt nach den Gründen. Der Dirigent erklärte: »In mancher Hinsicht ist mein Pudel mit einem Orchester vergleichbar. Ich lobe ihn oft. Und wenn ich nichts sage, weiß er, dass er einen Fehler gemacht hat.«

An einem heißen Sommertag erschien **David Zinman** zu einer Probe in der Zürcher Tonhalle in modisch abgetragenen Jeans. Zudem trug er ein T-Shirt, auf dessen Rückseite ein gefräßiger Haifisch seine spitzen Zähne zeigte. In der Probenpause wurde der beliebte Dirigent von einem Bratschisten gefragt, über welche Adresse er privat zu erreichen wäre. Zinman überreichte ihm seine Visitenkarte mit der Adresse: ZinnyBaby.com.

Pinchas Steinberg dirigierte eine Probe des Orchestre de la Suisse Romande, in welcher er sich über eine unpräzis gespielte Stelle aufregte. Verdrossen, fast bedrohlich schwang er den Taktstock und blickte mürrisch. Da meinte ein Geiger wenig freundlich: »Ich werde ihm nach der Probe einen Waffenschein besorgen.«

Ein anderes Mal erschien der Dirigent seltsam »gekleidet«. Über die Schulter trug er ein weißes Badetuch, und ein Fagottist spottete: »Ei, sieh mal, da kommt ja unser Herr Bademeister!«

In einer Probenpause setzte sich der britische Dirigent und Organist **Peter Morris** einmal neben einen Bassklarinettisten und meinte: »Ihr Instrument hat mich schon immer fasziniert. Ich würde gerne einmal darauf spielen.« Er geriet an den Falschen. Der Klarinettist verzog sein Gesicht und sagte unfreundlich: »Möchten Sie mit mir etwa auch noch die Zahnbürste teilen?«

Wie viele ihrer Kolleginnen benötigte die ungarische Dirigentin **Olga Géczy** eine geschlechtsbedingte Resilienz. Sie verließ ihr Land 1977 und wurde als politischer Flüchtling in Westeuropa anerkannt. Nicht anerkannt wurde sie dagegen vom Dirigenten **Wolfgang Sawallisch**, der ihr ins Gesicht sagte: »Was denken Sie, ich kann [als Chefdirigent] nicht erlauben, dass Sie vor diesen Männern stehen!«

Olga Géczy fand dennoch Mittel und Wege. 1986 gründete sie das (Frauen-)Orchester La Goia, mit dem sie erfolgreich Gastkonzerte gab. 1990 erreichte sie ein Ruf aus ihrer alten Heimat, wo sie schließlich an der Budapester Staatsoper dirigierte.

Bei seinem zweiten Gastdirigat mit den Berliner Philharmonikern provozierten ein paar Orchestermitglieder während einer Probe ihren späteren Chefdirigenten, **Sir Simon Rattle**. Anderntags fragte ihn Michael Schwalbé, weshalb er sich dies habe bieten lassen. Rattles erstaunliche Antwort war, dass sein Orchester in Birmingham ihn allzu nett behandle und ihm jeden Wunsch von den Augen ablese. Er brauche ein widerspenstiges Orchester, das ihm etwas entgegensetze.

Emmanuelle Haïm, französische Dirigentin und Cembalistin, Gründerin des Barockensemble Le Concert d'Astrée, hat in ihrem Ensemble vorwiegend Musikerinnen verpflichtet. Als Mutter einer Tochter weiß sie, was eine Babypause für die Karriere bedeutet. Deshalb hat sie ihren Musikerinnen unter dem Motto: »Seid mutig und tut es!« eine Kinderkrippe eingerichtet sowie einen Ort zum Stillen.

Von Michael Blühmke über das Verhalten des Publikums in Frankreich und Deutschland befragt, gab der Dirigent **Paavo Järvi** folgende Antwort: »Die Deutschen sind vielleicht nicht das feurigste Publikum, aber sie sind ernsthaft bei der Sache. Franzosen sind eher wie ein Streichholz. Sie entzünden sich ungeheuer schnell, aber die Flamme geht schnell wieder aus. In Deutschland kann es durchaus passieren, dass der Applaus mittelstark ist. Dafür muss man aber 15 Mal auf die Bühne kommen, weil sie einen nicht gehen lassen wollen. In Frankreich dagegen schreien die Leute ihre Begeisterung raus, da gibt es sofort Standing Ovations – und im nächsten Moment ist schon alles vorbei.«

Der in Estland begründete World Cleanup Day fand 2018 am 15. September statt. Im Zeitrahmen von 36 Stunden waren zwischen Neuseeland und Hawaii alle Menschen guten Willens aufgerufen, achtlos Weggeworfenes einzusammeln und zu entsorgen. Im Zuge des estnischen Pärnu Music Festivals ließ sich auch das Estonian Festival Orchestra von der Idee begeistern. In einem Videoclip appellierten die Orchestermitglieder chorisch: »Let's do it!«

Der Aufruf tat seine Wirkung: **Paavo Järvis** gut sichtbare Plastikwasserflasche wurde vom Dirigenten unter schallendem Gelächter elegant weggekickt.

Ein Konzertbesucher schien im Eingangsbereich der Berliner Philharmonie jemanden zu suchen, wägte ab, wen er ansprechen sollte und ging auf einen kleinen, ihm unbekannten Mann zu, der gerade vorbeieilte. Er fragte ihn, ob er eine Konzertkarte kaufen wolle. Der Angesprochene, Chefdirigent **Kirill Petrenko**, lächelte und sagte freundlich: »Nein danke, ich habe bereits einen Stehplatz.«

Gustavo Dudamel probte mit dem Los Angeles Philharmonic Orchestra den Beginn von Sergej Prokofjews *Skythischer Suite*. In pronociertem Italienisch forderte der venezolanische Maestro: »Allegro feroce!«, und gab den Einsatz. Das Orchester spielte ungestüm, der Anfang missriet, Chaos entstand. Der Dirigent unterbrach, es wurde still, und er sagte: »Meine Damen und Herren – Zügellosigkeit in der Musik setzt Disziplin und Präzision voraus.«

»Beethoven? Ah, er ist tot?
Wer hat ihn erschossen?«

Johannes Brahms, bereits als 20-jähriger Pianist ein Phänomen, tourte mit dem ungarischen Violinvirtuosen Eduard Reményi durch Norddeutschland. Als für ein Konzert nur ein Flügel zur Verfügung stand, der einen halben Ton zu tief gestimmt war, weigerte sich der Geiger, die Stimmung seines Instruments entsprechend anzupassen. Da erklärte sich Brahms überraschend bereit, die etwa 40 Minuten dauernde *Violinsonate A-Dur, Nr. 9 op. 47*, von Beethoven (Rodolphe Kreutzer gewidmet) transponiert vorzutragen! Reményi stimmte sein Instrument nach dem *ais* des Klaviers, und Brahms begleitete den Geiger auswendig.

Vor dem Ersten Weltkrieg gastierte **Ferruccio Busoni** in Oklahoma City. Bei seiner Ankunft wurde er von einem Sheriff bei der Begrüßung gefragt: »Sind Sie Mr. Busoni?«

»Ja, der bin ich.«

»Was werden Sie denn heute Abend für uns spielen?«

»Ein Beethoven-Programm.«

»Beethoven? Ist er ein guter Kerl?«

»Er lebt nicht mehr.«

»Ah, er ist tot? Wer hat ihn erschossen?«

Nach einem Konzert in Palästina wurde der Pianist **Artur Schnabel** von einem jüngeren Mann aufgesucht, der ihm freudestrahlend verkündete: »Ich kann Ihnen gar nicht sagen, wie dankbar wir Ihnen sein müssen, dass Sie Beethoven zu uns gebracht haben. Zweitausend Jahre lang haben wir auf ihn gewartet.«

Der englische Pianist **Sir Donald Francis Tovey** gastierte in der St Andrew's Hall in Glasgow. Der dirigierende Solist hatte eben mit Mozarts *Klavierkonzert c-Moll, KV 491*, geendet und nahm den herzlichen Applaus berührt entgegen. Als er von der Bühne abging, wählte er aus Versehen den falschen von zwei optisch identischen Ausgängen und landete in einer Besenkammer. Als er das zweite Mal vors Publikum trat, rief ihm der Konzertmeister, **Henri Temianka**, zu: »Sir Donald, Sie sind zur falschen Tür gegangen.«

»Don't worry, Mr. Temianka«, entgegnete Tovey, »ich hab's bemerkt, ich habe dort nur schnell hingespuckt.«

Alfred Cortot, der laut Joachim Kaiser »in jüngeren Jahren phantasievollste Schumann-Spieler des [20.] Jahrhunderts« litt im Alter an Gedächtnisstörungen. Wie Volker Meid erzählt, zog **Sir Thomas Beecham** deswegen über den beeinträchtigten Pianisten los: »Er hat mit Beethoven begonnen, und so habe ich Beethoven dirigiert. Darauf wechselte er zu Schumann über. Also dirigierte ich Schumann. Dann spielte er verschiedene andere Klavierkonzerte. Ich hielt mit, solange sie mir vertraut waren. Als er aber in einem mir unbekannten Konzert fortfuhr, musste ich aufgeben.«

Zu Beginn der Solistenlaufbahn als Pianist litt **Igor Strawinsky** unter heftigem Lampenfieber. Er fürchtete sich beim Auswendigspielen vor plötzlichen Gedächtnislücken. Während eines Auftrittes mit seinem *Concerto* suchte er nach dem ersten Satz vergeblich nach der Fortsetzung. Erst als ihm der Dirigent, Sergej Kussewizky, die einleitenden Noten des *Largo* zuflüsterte, konnte er weiterspielen.

Von **Artur Schnabel** ist eine Jugendepisode überliefert, die neben dem Pianisten selbst auch Maria Stader und Robert D. Abraham erzählt haben: »Nachdem meiner Mutter geraten worden war, neben dem Klavierunterricht sei für mich auch Theorie- und Kompositionsunterricht förderlich, suchten wir beide **Anton Bruckners** Wohnung auf – ich erinnere mich sogar noch an die Straße und die Hausnummer. Wir traten in einen dunklen Gang (im Treppenhaus roch es nach Kohl und abgestandenem Tabak) und kletterten die Stufen empor. Da hing, mit einem Reißnagel befestigt ein Zettel, darauf stand ›Bru…‹. Der

Rest war nicht zu entziffern. Eine Klingel war nicht vorhanden. Meine Mutter fasste sich ein Herz und klopfte an die Tür. Nichts regte sich. Noch ein Versuch. Wir vernahmen das langsame Schlurfen von Pantoffeln. Der Schlüssel wurde in Bewegung versetzt, die Tür öffnete sich einen Spalt, ein kleiner Mann erschien, ich erspähte eine staubige Diele mit ein paar aufeinandergeschichteten Lorbeerkränzen und gestapelten Noten.

›Wünschen?‹

›Verzeihen bittschön der Professor die Störung. Aber mein Bub, der Artur, der ist Schüler von Leschetizky und möchte zu Ihnen kommen für Kompo…‹

›Einen Hosenmatz unterricht i net‹, brummte Bruckner und drückte die Tür zu.«

Artur Schnabel berichtete auch »über das einzigartige Privileg, als zwölfjähriger Schüler [des Musikologen Eusebius Mandyczewskis] einige Sonntage [auf Ausflügen außerhalb Wiens] mit Johannes Brahms und dessen Gefährten« verbracht zu haben. Vor den Mahlzeiten habe ihn Brahms stets gefragt, ob er hungrig, und danach, ob er satt geworden sei. Jahrzehnte später habe ein Klugschwätzer geschrieben, Brahms und Schnabel seien gute Freunde geworden, nachdem der Komponist das Debüt des Jungpianisten hörte. Schnabels Kommentar über die erfundene Programmnotiz: »Vielleicht lese ich eines Tages, ich habe mit Mozart Billard gespielt.«

Bevor **Wilhelm Backhaus** seine internationale Pianistenkarriere begann, unterrichtete er in Manchester. Als er gefragt wurde, weshalb er seine Unterrichtstätigkeit danach völlig aufgegeben habe, meinte er: »In meinem ganzen Leben hatte ich nur einen einzigen Studenten, der mich vollauf beschäftigt hat – ich selbst.«

Der Pianist **Michael Raucheisen**, einer der großen Begleiter, erzählte: »Erika Morini und ich gaben einen Geigenabend in Berlin. Leider erlag sie einem Gedächtnisfehler. Ich flüsterte meinem Umwender, dem guten Burghard – er hat mir vierzig Jahre lang die Seiten umgeblättert – zu: ›Wenden Sie fünf Seiten!‹ Wie im Trancezustand habe ich die Stelle gefunden, und wir waren wieder beisammen.«

Zahlreiche Berühmtheiten würdigten **Clara Haskil** als eine geniale Pianistin. Aufgrund von Krieg und anderen widrigen Umständen wurde sie aber erst in ihrem letzten Lebensabschnitt weltweit gefeiert. Endlich, 57-jährig, war die rumänisch-schweizerische Künstlerin existenziell so weit abgesichert, dass sie sich einen eigenen Konzertflügel leisten konnte. Und wenn sie im benachbarten Manoir de Ban, einem

Anwesen in Corsier-sur-Vevey am Genfersee, ihren Freund Charlie Chaplin und seine Familie besuchte, fand sie dort einen nagelneuen Steinway-Flügel vor, den der Hausherr für sie erworben hatte.

Walter Gieseking, einer der großen Pianisten, hat nie eine Schule besucht. Bereits als Kind spielte er virtuos Klavier. Von seinem Vater, einem Entomologen beeinflusst und geschult, galt sein Interesse zu jener Zeit aber vor allem den Schmetterlingen. Bei gemeinsamen Streifzügen durch die Riviera und die Alpen fing der naturverbundene Junge das erste Exemplar einer seltenen Art, das in der Wissenschaft nach ihm benannt wurde: »Giesekingiana«. Zudem trägt auch eine durch Kreuzung erhaltene Schmetterlinghybride seinen Vornamen: »Walteri«.

Der Journalist und Musikfreund Ferdinand Hurni erzählte, in einem Hotel habe er einem Jüngling zugehört, der zum Vergnügen der Anwesenden auf einem Flügel spielte und aufhorchen ließ. Mittendrin sei ein Zigarre rauchender Herr auf den jungen Pianisten zugegangen. Er habe ihm ins Gesicht gequalmt und gönnerhaft bemerkt: »Junger Mann, Sie spielen gut. Sie sollten sich ausbilden lassen!«
    Der Angesprochene war der später berühmte **Wilhelm Kempf**.

Rudolf Serkin war empört, weil er sich auf seinen Klavierabend in der Victoria Hall in Genf nicht adäquat vorbereiten konnte. Der Saal, so hieß es, sei durch eine Ballettaufführung belegt, worauf sich Serkin sarkastisch »auf einen unverhofft freien Abend freute«. Schließlich ließ er sich überreden, dennoch aufzutreten. Das Konzert begann, aber der Flügel klang seltsam gedämpft. Serkin unterbrach, warf einen Blick ins Innere und entfernte unter dem Gelächter des Publikums das Schnürmieder einer Tänzerin.

Der Pianist **Vladimir Horowitz** nahm in Mailand an einer Pressekonferenz teil. Als er gefragt wurde, weshalb so viele junge Pianisten aufs Dirigentenpodium wechseln würden, meinte er: »Aus dem Taktstock kommen keine falschen Töne, deshalb wollen sie dirigieren!«

Als danach **Murray Perahia** im Metropolitan Museum New York als Pianist konzertierte, aber auch dirigierte, saß Horowitz im Saal. Nach dem Konzert trafen sich die beiden. Einen Monat später berichtete Perahia seinem Klavierstimmer Franz Mohr: »Horowitz hat mir geraten, beim Klavier zu bleiben – wie Recht er hat!«

Franz Mohr war eine Art Beichtvater für berühmte Pianisten. So offenbarte ihm **Vladimir Horowitz** aufs Podium zeigend: »Franz – da draußen, das ist der einsamste Ort der Welt.«

Wenige Wochen vor seinem Tod sagte Horowitz zu Mohr: »Wissen Sie was? Ich habe bislang stets die erste Seite der New York Times zuerst gelesen. Das tue ich jetzt nicht mehr. [...] Jetzt schlage ich die Todesanzeigen auf. Und, wenn ich meinen Namen nicht darunter finde, dann bin ich so glücklich – so glücklich!«

Der Pianist **Andor Foldes** war Gast im ländlichen Anwesen Ainola von **Jean Sibelius** in der Gegend von Järvenpää, eine Autostunde von Helsinki entfernt. Zu Beginn des angeregten Gesprächs tranken sie Kaffee und schlürften Cognac. Dazwischen bot Sibelius dem Pianisten eine seiner legendär großen Zigarren an. Foldes bedankte sich gutgelaunt und meinte, die wuchtige Zigarre in seiner Jacke verschwinden lassend: »Ich werde sie als unvergessliches Erinnerungsstück an diesen Nachmittag behalten«, worauf Sibelius scherzte: »Wenn Sie die jetzt nicht rauchen, werde ich Ihnen nur eine meiner kleinen Zigarren mitgeben.«

Foldes zog es vor, die große Zigarre zu rauchen.

Andor Foldes, dessen Künstlerfreund, der Dramatiker **Friedrich Dürrenmatt** und ihre Gattinnen, tafelten hoch über dem Zürichsee in einem bekannten Restaurant. An diesem Tag, es war der 9. August 1963, hatten die Schlagzeilen der Morgenpresse den einzigartig dreisten Postzugraub der Geschichte in der englischen Grafschaft Buckinghamshire verkündet. Dürrenmatt, der das Groteske nicht nur literarisch umzusetzen verstand, sondern auch Alltagssituationen entsprechend »inszenierte«, rief nach einem kräftigen Schluck Wein stimmgewaltig und völlig überraschend: »Andor, das war ja clever, euer Postzugraub, gestern! Sag mal, hast du all die Millionen in Sicherheit bringen können und bist du nun deshalb in die Schweiz gereist?«

Dürrenmatt genoss sichtlich, was danach geschah. Die Gespräche im Restaurant verebbten. Eine eisige Stimmung kam auf, argwöhnische Blicke wurden auf den vermeintlichen Verbrecher geworfen. Und Dürrenmatt lachte aus vollem Herzen.

Der Ukrainer **Swjatoslaw Richter** spielte 1945 als Dreißigjähriger bei einem Wettbewerb in Moskau sowohl Tschaikowskis *b-Moll- Klavierkonzert* als auch Prokofjews *Klaviersonate Nr. 7 B-Dur, op. 83*. Während er dem gespannt zuhörenden Publikum das Klavierkonzert darbot, ging plötzlich das Licht aus, doch

Richter spielte unbeirrt bei Kerzenlicht weiter. Weil während der darauf folgenden Klaviersonate auch die Kerzen erloschen, befürchtete das Publikum ein Fiasko. Der junge Pianist ließ sich aber nicht aus der Ruhe bringen. Souverän beendete er das höchst anspruchsvolle Werk bei völliger Dunkelheit. Und das frenetisch applaudierende Publikum ehrte ihn als Sieger des Wettbewerbs.

Igor Schukow konzertierte im Herkulessaal in München. Mitten im Konzert ging auch hier das Licht aus, doch der Pianist spielte weiter. Weil die Panne andauerte, wurde das Publikum unruhig. Schukow wusste sich zu helfen. Nach kurzer Abwesenheit vom Podium kehrte er zurück. Er trug die gespenstisch leuchtende Stirnlampe eines Bergmanns, setzte sich wieder ans Klavier und griff erneut beseelt und vom Vorfall unbeeindruckt in die Tasten.

Der österreichische Pianist **Friedrich Gulda** war als Enfant terrible bekannt. Seit 1951 beliebter Gast bei den Salzburger Festspielen, verblüffte er 1974 ein paar Besucher mit seiner Jazz-Beatgruppe Animal. Der Weltklassepianist trug ein verschwitztes T-Shirt und saß zusammen mit einigen Musikerkollegen unter freiem Himmel vor Benzin- und Ölfässern, die sie lautstark traktierten. Dazwischen spielte er auf einem

Elektropiano und einer Flöte. Außerdem sang er, erfand musikalische Späße und gebärdete sich als Clown, was die Anwesenden offensichtlich amüsierte. Am Abend spielte Gulda dann mit den Wiener Philharmonikern unter Claudio Abbado Mozarts *B-Dur Konzert, KV 595.*

Der Pianist **Glenn Gould** berichtete 1970, als 13-jähriger sei er »von einem fehlgeleiteten Pädagogen seiner Schule« zu einem Debüt mit dem Schulorchester gedrängt worden. Vorgesehen war Beethovens *4. Klavierkonzert, G-Dur, op. 58*; ein Werk, das Gould, wie er bemerkte, wenig Vorbereitung abverlangte. (Der Junge hatte sich bereits früher intensiv in die Aufnahme des Konzerts mit Artur Schnabel hineingehört und versucht, sich die Interpretation des Pianisten anzueignen.) Die Aufführung gelang, »das Orchester zog vortrefflich mit« und der Frühbegabte ging in Hochstimmung nach Hause. Sein überaus kritischer Lehrer war wegen der epigonenhaften Interpretation allerdings »am Boden zerstört«. Und ein Lokalreporter des *Globe and Mail* kommentierte hellhörig: »Beethovens schwer fassliches *4. Klavierkonzert* wurde gestern Abend den Händen eines Kindes überlassen. Für wen hält sich das Bürschchen? Etwa für Artur Schnabel?«

Grigory Sokolov konzertierte in Zürich. An der Tonhalle-Kasse wurde einem Konzertbesucher ein Platz in der fünften Reihe angeboten. »Das ist zu weit hinten«, meinte er. »Dort kann ich die Fingersätze nicht lesen.«

Salzburger Festspiele, 8. August 2018: Um 20.00 Uhr fand **Grigory Sokolovs** Solokonzert statt. Während er drei Haydn-Sonaten vortrug, begann es im Großen Festspielhaus von der Decke zu tröpfeln. Draußen tobte ein Gewittersturm, und innerhalb von zehn Minuten regnete es aus dicken Wolken vierzehn Liter pro Quadratmeter. Zu viel fürs Dach des Festspielhauses: Allmählich ergoss sich ein veritabler Wasserfall auf das flüchtende Publikum. Sokolov schien nichts zu bemerken. Er spielte Haydns *Sonate Nr. 49, cis-Moll, Hob. XVI: 36*, hinreißend zu Ende. Und er, der normalerweise nicht einmal beim Verbeugen lächelte, zeigte diesmal Humor. Als vierte Zugabe spielte er am schlussendlich »geretteten« Abend Chopins *Regentropfen-Prélude, Des-Dur, op. 28*.

»Das Finale endet auf verdorbenem D-Dur«

Der gebürtige Elsässer **Albert Schweitzer** war eine vielseitige Persönlichkeit: Arzt, Urwalddoktor, Philosoph, Pazifist, evangelischer Theologe, Musikwissenschaftler und Organist. Im Sommer 1928 bereiste er Oberbayern und konzertierte in der Abteikirche des Benediktinerklosters Ottobeuren auf der Dreifaltigkeitsorgel. Nachdem er geendet hatte, erschien ein Pater. Er grüßte den Solisten und einige Konzertbesucher flüchtig, kniete nieder, bekreuzigte sich, betete im Flüsterton, berührte das Gehäuse, den Spieltisch, das Pedal, die Orgelbank. Als er fragende Blicke auf sich gerichtet sah, erklärte er, dass er die Orgel wieder hätte weihen müssen, weil sie durch das Spiel eines Nichtkatholiken entweiht worden sei.

Der Cembalist **Christopher Schmidt** hatte zu einem Hauskonzert in seine geräumige Dachkammer eingeladen. Weil es in Strömen regnete, hatte er neben seinem Clavicord einen Wasserkessel stehen, in den es (an Carl Spitzwegs *Armen Poeten* gemahnend) von der regenwasserdurchtränkten Decke tropfte. Der Künstler begrüßte seine Gäste mit den Worten: »Wie

Sie sehen, lebe ich hier komfortabel und habe sogar fließendes Wasser von der Decke.«

Danach spielte er wie angekündigt »Frühbarocke Dachkammermusik auf dem Clavicord«, begleitet vom Ostinato glucksender Wassertropfen.

Auf der Insel Ufnau, im Zürichsee, fand unter freiem Himmel eine Aufführung von Joseph Haydns Oratorium *Die Schöpfung* statt. Es war hochsommerlich schwül. Mauersegler kreisten über dem Ort des Geschehens. Mückenschwärme plagten die Menschen. Schon bald kam das Rezitativ: »Und Gott sprach: ›Es bringe das Wasser in der Fülle hervor …‹«. Da flohen die Konzertversammelten unter die wenigen Dächer, weil ein heftiges Gewitter mit wolkenbruchartigem Regen einsetzte.

1951 trat die Sopranistin **Maria Stader** mit dem Pianisten **Edwin Fischer** und Mitgliedern des Philharmonia Orchestra in der Goldsmith's Hall in London auf. Kurz vor Beginn des Konzerts klopfte es an die Tür. Edwin Fischer, lampenfiebergeplagt, rief nervös: »Auch das noch? – Come in!«

Ein stattlicher Herr mit einer über die Schultern gelegten Kette, der in dieser Aufmachung sehr an die Saaldiener der Mailänder Scala erinnerte, begehrte Einlass. Fischer fragte ihn: »Ach ja, unser Auftritt. Ist es denn nicht zu früh?«, und er reichte ihm ein paar Münzen als Trinkgeld. Das Konzert wurde begeistert aufgenommen. Anschließend hatte der Schweizer Gesandte Henri de Torrenté Gäste aus Wirtschaft, Politik, Wissenschaft, Diplomatie und Kunst zu einem Snack eingeladen. Nach einer Weile unterbrach lautes Pochen die regen Gespräche: Ein Majordomus mit einem Zeremonienstab verkündete: »Your Highness, your Excellencies, m'Lords and Ladies – ich bitte ergebenst um Ihre Aufmerksamkeit für den Lord Mayor, den Bürgermeister der City of London.«

Es wurde still. Die Gäste blickten zum Eingang – und der vermeintliche »Saaldiener« erschien. Edwin Fischer, ertappt wie ein kleiner Junge, sagte zu Maria Stader: »Mein Gott, ich habe dem Lord doch peinlicherweise ein Trinkgeld gegeben – wir müssen sehen, dass uns der Gesandte mit ihm ins Gespräch bringt!«

Die Solisten mussten sich nicht bemühen. Der Lord Mayor ging auf sie zu, lächelte jovial über das Missverständnis und meinte: »Ich werde die Münzen als Erinnerung aufbewahren und, Ihre Erlaubnis vorausgesetzt, die Geschichte in meinem Club erzählen.«

Maria Stader traf **Igor Strawinsky** in New York, und sie erzählte: »Als Strawinskys Enkel zur Tür hereinsprangen, verwandelte sich der brummige Igor, wie von Petruschkas Zauberstab berührt, in eine überschwängliche altrussische Nanja. Igor spielte Hampelmann, Drehorgel und auf einer zerdrückten Blechtrompete. Und, hätte seine Gesundheit es ihm gestattet, hätte ich ihn mit den Kleinen auf dem Buckel wie einen Tanzbären im Zimmer umherführen müssen.«

Die Polin **Alicja Mounk** wurde von **Nadja Boulanger** in Paris in Beethovens *Klaviersonate Nr. 32, c-Moll*, unterrichtet. Die Schülerin berichtete: »Sie [Boulanger] war damals 87 Jahre alt und fast blind. Als ich einmal gemogelt und falsch untergesetzt habe, fragte sie mich, warum ich den 3. und nicht den 4. Finger nähme. Das konnte sie nicht gesehen haben. Sie hatte es gehört …«

Als das Wiener **Rosé-Quartett** das erste Mal in Italien konzertierte, sprach keines der Mitglieder Italienisch, nur italienische Werktitel und Spielanweisungen waren ihnen geläufig. Als der Cellist **Friedrich Buxbaum** in Mailand aus dem Zug stieg und ein Träger sich bereitwillig sein wertvolles Cello unter den Arm klemmte, wollte der Cellist ihn daran hindern. Wie er es tat, hat er später erzählt: »Was sollte ich dem Kerl nur sag'n? Da is mir *Opus 18, Nr. 6*, eing'fallen, und i hab zum Dienstmann Beethovens Spielanweisung zug'rufen: »Questo pezzo si deve trattare colla più gran delicatezza« – »Dieses Stück ist mit größtem Feingefühl zu behandeln.«

»Was hat er gmacht? – Hing'schmissen hat er's – was hab i gsagt? – ›Malinconia‹, hab i g'sagt.« (»Malinconia« – »Schwermut« lautet eine Satzbezeichnung in Beethovens *Quartett, op. 18 Nr. 6.*)

Der Geiger **Peter Rybar** probte mit der Pianistin **Clara Haskil**. Als sich beide eine Pause gönnten, verließ der Geiger den Raum, um draußen eine Zigarette zu rauchen. Da hörte er von drinnen, wie jemand mit großer Könnerschaft den ersten Satz von Felix Mendelssohn Bartholdys *Violinkonzert e-Moll, op. 64,* spielte. Rybar, neugierig geworden, kehrte zurück und war verblüfft. Vor ihm stand Clara Haskil, die den Violinpart wiedergab. Da setzte sich der auch pianistisch begabte Rybar an den Flügel und begleitete. Und beide schwelgten in den vertauschten Rollen.

Das **Winterthurer Streichquartett** befand sich 1946 mit einer Limousine des Jahrgangs 1929 auf einer Konzertreise. In Chiasso wurden die Musiker vom italienischen Zoll angehalten. Der Zöllner prüfte die Pässe, das Gepäck und fragte: »Vier Herren und so viele Musikinstrumente?«

Peter Rybar, der Erste Geiger, erklärte: »Wir sind beruflich unterwegs. Ich benötige ein Reserveinstrument. Und mein Kollege, der Zweite Geiger, hat spezielle Hände, auch er braucht ein weiteres Instrument.«

Clara Haskil

Der Beamte ließ sich überzeugen.

Als der Bratschist sein Etui öffnete, stellte der Zöllner aber fest: »Diese Violine ist ja viel größer als die andern.«

Auch da war Rybar nicht verlegen: »Sie meinen die Bratsche? Wissen Sie, für dieses Instrument braucht es dicke Finger.«

Obwohl auch diese Antwort überzeugte, blieb der Zöllner hartnäckig. Mit einem Blick auf den Cellokasten befahl er: »Öffnen Sie!«

Beim Anblick des Violoncellos beschied er: »Das Instrument ist zu groß. Damit können Sie nicht weiterreisen.«

Nun war der Cellist italienischer Herkunft, **Antonio Tusa**, gefordert. Gestikulierend beschwor er den Beamten: »Mio caro! Ich denke, Maestro Luigi Boccherini muss ich Ihnen nicht zur Kenntnis bringen. Dieser große Italiener ist, wie Sie ohne Zweifel wissen, in der ganzen Welt berühmt. Wir werden in Ihrer Nuova Repubblica Italiana eine Komposition dieses unvergleichlichen Genies aufführen!«

Der Zöllner, vom Wortschwall sichtlich beeindruckt, nahm bei der Nennung der Nuova Repubblica Italiana Achtungsstellung ein, und Tusa, seine theatralische Überzeugungskraft auskostend, fuhr fort: »Ich rate Ihnen dringend, uns weiterreisen zu lassen. Sonst wären Sie dafür verantwortlich, wenn unsere Konzerte abgesagt werden müssten oder Tausende vergeblich auf uns warteten!«

Das Plädoyer tat seine Wirkung: Mit einem Wink gab der Zöllner die Fahrt frei. Und die Musiker reisten weiter in die kriegsverwüstete Lombardei.

Pierre Fournier war für sein häufiges Legatospielen bekannt, und sein ebenso berühmter Cellokollege **Paul Tortellier** empfahl beim Unterrichten in Anspielung auf den Namen seines Kollegen: »Il faut bien articuler, pas *fournier*!« – »Sie müssen gut artikulieren, nicht *fournieren*!«

Der französische Dirigent **Michel Plasson** war der Musiksprache mächtig, aber Deutsch war ihm ein Gräuel. Einmal wollte er »deutliches Musizieren« verlangen. Seine Aussprache löste allerdings Heiterkeit aus. Er sagte: »*Müsiziere Sie tödlich*!«

In Neuchâtel, einst ein preußisches Fürstentum, lebte vor dem 2. Weltkrieg ein Junge, dessen musikalische Fähigkeiten aufhorchen ließen. Seine Eltern schickten den Begabten nach Bern in den Unterricht zu **André Jaunet**, einem jungen Franzosen, der in seinem späteren Leben als legendärer Flötist in Zürich zahlreiche bekannte Flötisten ausbilden sollte. Nun wäre der Elfjährige mit einer unbegleiteten Reise nach Bern überfordert gewesen. Deshalb brachte ihn seine Mutter zweimal in die schweizerische Hauptstadt. Beim dritten Mal bestieg der Junge den Zug allein und in Bern die Trambahn. Er fand auch zur Wohnung des Flötisten und klingelte, doch niemand öffnete. Da hörte er hinter sich Schritte. Überraschend stand sein Lehrer André Jaunet hinter ihm. In Sorge, ob das Kind den Weg zu ihm nach Bern finden würde, war Jaunet nach Neuchâtel gereist, um ihm von dort aus unauffällig zu folgen. Der Junge, übrigens **Aurèle Nicolet**, wurde später Solo-Flötist der Berliner Philharmoniker.

Ein fremdsprachiger Student der Zürcher Hochschule der Künste schrieb in seiner Master-Prüfung: »Das Rezital beginnt prächtig, weil die Musik von Winden*, statt von Schnüren** zur Verfügung gestellt wird [...] Das Flötenkonzert von Reinecke bietet einen milderen Geschmack der Brackwasser des frühen 20. Jahrhunderts, und das Finale endet auf verdorbenem D-Dur ...«

(* Winde – wind instrument = Blasinstrument)

(** Schnüre = Saiten)

In der Sowjetunion wurde nach der Oktoberrevolution fast alles umbenannt. So sollte das renommierteste Streichquartett nach einem Bericht des Cellisten, **Gregor Piatigorsky**, neu **Lenin-Quartett** heißen. In einer Gesprächsrunde habe der jugendliche Cellist aber überschwänglich vorgeschlagen: »Warum nicht Beethoven-Quartett?«, worauf ihm jemand unter dem Tisch einen Stoß ans Schienbein versetzte. Nach weiterer Diskussion war der Name Lenin-Quartett besiegelt und selbiges »hatte die Pflicht und die Ehre, vor **Wladimir Iljitsch Lenin** zu konzertieren«.

Nach dem Auftritt bedankte sich der Revolutionsführer bei den Musikern und drückte jedem die Hand. Piatigorsky hieß er allerdings noch zu bleiben, weil er mit ihm etwas zu besprechen habe. Lenin sagte: »Sie sind noch sehr jung, haben aber eine verantwortungsvolle Stellung. Es ist merkwürdig: Nur in der Musik und in der Malerei können ganz junge Menschen zu Berühmtheit gelangen. Haben Sie je von einem Kind gehört, das Architekt oder Chirurg war?«

Dann wollte er plötzlich wissen: »Ist es wahr, dass Sie in der Gesprächsrunde einen kritischen Einwand gebracht haben haben?«

Erschrocken bat Piatigorsky um Verzeihung, doch Lenin meinte überraschend: »Ich verstehe nichts von Musik, doch ich weiß, dass es für ein Quartett keinen passenderen Namen gibt als – ›Beethoven-Quartett‹.«

Piatigorsky war verblüfft und fragte erleichtert: »Sie sind mir also nicht böse?«

»Nein. Aber ich wollte gern mit Ihnen sprechen. Nur das Logische ist von Dauer. Die Zeit siebt Unreinheiten aus und verbessert Fehler, besonders, wenn sie in Zeiten wie den unsern entstehen. Das Lenin-Streichquartett wird nicht bleiben; wohl aber Beethoven.«

Der Name des Lenin-Quartetts war dann auch kurzlebig. Bald danach hieß es: Das Erste Staatliche Streichquartett.

Piatigorsky war nach einem Konzert (mit Wilhelm Furtwängler als Begleiter am Klavier) Gast bei einem Empfang in der Deutschen Gesandtschaft in Paris. Weil ihm das Gerede der anderen Gäste über das zuvor Gehörte zuwider war, wollte er sich davonstehlen. Da sprach ihn überraschend ein kleiner schmächtiger Mann von beeindruckender Wesensart an, und der zeitweilige Premier der Dritten Französischen Republik, **Paul Painlevé**, übersetzte:

»Aus dem was ich mithörte, fand **Maurice Ravel** Gefallen an Ihrem Spiel«, und Piatigorky rief überrascht: »Ravel?!«

»Ja, unser großer Komponist.«

»Hat er nicht noch etwas gefragt?«

»Ja, er fragte, warum Sie ihr Talent an so abscheuliche Musik verschwenden, wie Sie sie heute Abend spielten.«

»Abscheulich?? – Es war Beethoven!«

Das **Végh-Quartett** gastierte in einer englischen Provinzstadt. Der Bürgermeister wandte sich nach dem Konzert an die Musiker: »Verehrte Künstler!«, rief er pathetisch. »Sie denken vielleicht, dass wir in dieser Gegend nichts von Musik verstehen. Jedenfalls haben wir Ihr Konzert sehr genossen. Und wenn Sie wiederkehren, was wir doch sehr hoffen, dann kommen Sie doch bitte mit ihrer ganzen Band.«

Rolf Liebermann beschrieb das Publikum eines von Fritz Reiner geleiteten Konzerts des Chicago Symphony Orchestra: »Ich erblickte dreitausend ältere

Das Végh-Quartett

Damen mit gebläuten Locken, alle behandschuht oder
mit Strickzeug beschäftigt. Nach Strawinskys *Feuer-
werk* rührte sich niemand zum Applaus, die Damen
strickten weiter. Nur Arthur Rubinstein, der das
3. Klavierkonzert op. 30 d-Moll von Rachmaninow wie
ein Gott spielte, konnte die Damen dazu bewegen, ihre Stricknadeln ein paar Sekunden ruhen zu lassen,
um höflichen Beifall zu spenden; für mehr als zwei
Verbeugungen reichte es aber nicht. Erst als ein Dutzend beharrlich weiter applaudierte, entschloss sich
Rubinstein, sich ein drittes Mal zu verbeugen.«

1983 gastierte die Dresdner Staatskapelle in den USA. Das Orchester logierte im Mayflower Hotel am New Yorker Central Park. Bei der Ankunft versicherte ein Busfahrer den Orchestermitgliedern, ihre wertvollen Instrumente seien im verschlossenen Fahrzeug über Nacht in bester Obhut. Am andern Morgen – ein Konzert in Philadelphia stand abends an – erschien der Mann jedoch kreidebleich im Mayflower Hotel und stammelte, sein Bus sei aufgebrochen worden und etliche Instrumente würden fehlen! Glücklicherweise konnte die Polizei bereits kurz danach zwei Täter aus dem Drogenmilieu verhaften, welche das Diebesgut einem Händler für wenig Geld angeboten hatten. Leider blieb eines der Instrumente verschollen. Als ein betagter amerikanischer Musiker europäischer Herkunft dies hörte, bot er großzügig an, sich von seiner wertvollen Geige zu trennen. Die Offerte wurde abgelehnt: Ein Funktionär des Orchesters hatte schnippisch erklärt, in der Deutschen Demokratischen Republik würde man auf Almosen aus Amerika verzichten.

Der legendären Lissaboner Straßenbahn Nr. 28E entstiegen ein paar Musikerinnen des Tonhalle-Orchesters Zürich. Sie schlenderten zur Vorprobe ihres abendlichen Konzerts durch die Stadt. Im Saalfoyer des Coliseu dos Recreios angelangt, rief eine Geigerin sichtlich überrascht: »Schaut mal die vielen Konzert-besucher!«

Eine belebte Ameisenstraße verband den Gebäude-eingang mit der Konzertkasse.

Wenn Orchestermusikerinnen und -musiker in den Ruhestand treten, schwören sich die einen, nie mehr ein Instrument anzurühren, andere bleiben mehr oder weniger aktiv. Letztere finden sich dann in verschie-denen Gruppierungen zusammen, wie das übers Ren-tenalter hinaus konzertierende (Bläser-)**Trio Poetico**. Nomen est omen, denn zu ihrer Erholung lockern die Musiker das anstrengende Bläserspiel in Konzerten mit dem Vortrag von poetischen Zwischentexten auf. Gelegentlich nennen sie ihr Ensemble spaßeshalber auch – Geriatrio.

Literaturhinweise

Abraham, Robert D. / Stader, Maria: Nehmt meinen Dank. München 1979.

Anonymus: Der Anti-Grillenfänger. Nürnberg / Leipzig 1821.

Atkins, Harold / Archie, Newman: Beecham Stories. London 1978.

Baenitz, Carl / Kopka, Ferdinand: Lehrbuch der Geographie für gehobene und höhere Lehranstalten. Bielefeld / Leipzig 1884.

Beethoven, Ludwig van: Aus: »Neun ausgewählte Briefe an Anton Schindler«. Leipzig 1970.

Berger, Erna: Auf Flügeln des Gesanges. Zürich 1988.

Blankenburg, Elke Mascha: Dirigentinnen im 20. Jahrhundert. Hamburg 2003.

Böhm, Karl: Ich erinnere mich ganz genau. Zürich 1968.

Brendel, Alfred: A bis Z eines Pianisten. München 2012.

Burney, Charles: Tagebuch einer musikalischen Reise. Hrsg. von Christoph Hust. Hamburg 1773. [Kassel 2003.]

Carreras, José: Singen mit der Seele. München 1989.

Comettant, Oscar: Musique et Musiciens. Paris 1862.

Decsey, Ernst: Hugo Wolf. Berlin / Leipzig 1919.

Dirigentenforum / Volxem, Susanne von / Bayerl, Sabine (Hrsg.): Vom Dirigieren. Annäherungen an einen Mythos. Heidelberg 2016.

Ehrismann, Hans: Das fing ja gut an … Zürich 1984.

Erismann, Hans: Johannes Brahms und Zürich. Zürich 1974.

Foldes, Andor: Seventy years on music magic carpet. Homosassa, USA 1993.

Fuchss, Werner. Béla Bartók und die Schweiz. Bern 1973.

Gieseking, Walter: So wurde ich Pianist. Wiesbaden 1964.

Glitsch-Amsler, Heidi (Hrsg.): »I am playing the moon«. Wallisellen 2003.

Gould, Glenn: Vom Konzertsaal zum Tonstudio. München 1987.

Graf, Herbert: Opera for the poeple. Minnesota 1951.

Hürlimann, Martin: Zeitgenosse aus der Enge. Frauenfeld 1977.

d'Indy, Vincent: César Franck. Paris 1919.

Jakobi, Erwin R.: Albert Schweitzer und die Musik. Wiesbaden 1975.

Janáček, Leoš: Briefwechsel mit seiner Frau Zdenka und seiner Tochter Olga. Vorwort von Jakob Knaus. Kassel 2009.

Kaiser, Henriette / Kaiser, Joachim: »Ich bin der letzte Mohikaner«. Berlin 2008.

Kraus, Gottfried (Hrsg.): Ein Maß, das heute fehlt. Salzburg 1986.

Lepenies, Wolf: »Warum singt der Franzose anders als er spricht?« Neujahrsblatt der Allgemeinen Musikgesellschaft Zürich auf das Jahr 2019.

Liebermann, Rolf: Actes et entreactes. Paris 1976.

Lindsay, Joyce und Maurice: The music quotation book. London 1992.

Mahler, Alma: Gustav Mahler. Amsterdam 1940.

Mainardi, Enrico: Bekenntnisse eines Künstlers. Wiesbaden 1977.

Mendelssohn, Bartholdy Felix: Briefe einer Reise. Zürich 1958.

Milhaud, Darius: Le Monde de la Musique. Nr. 46. Paris 1982.

Mohr, Franz: Große Pianisten, wie sie keiner kennt. Basel / Gießen 1993.

Nohl, Ludwig: Mozarts Briefe. Salzburg 1865.

Nono-Schoenberg, Nuria: Arnold Schönberg. Lebensgeschichte in Begegnungen. Klagenfurt 1996.

Orenstein, Arbie: Maurice Ravel. Leben und Werk. Stuttgart 1978.

Overath, Angelika: Gebrauchsanweisung für das Engadin. München 2016.

Piatigorsky, Gregor: Mein Cello und ich und unsere Begegnungen. Tübingen 1968.

Pincherle, Marc: Le Monde des Virtuoses. Paris 1961.

Plachta, Bodo / Bednorz, Achim: Komponistenhäuser. München 2018.

Quasthoff, Thomas: Die Stimme. Berlin 2004.

Rey, Anne: Eric Satie. Paris 1974.

Riemann, Hugo: Musiklexikon A–K. Mainz 1959.

Musiklexikon L–Z. Mainz 1961.

Robertson, Alec: Antonín Dvořak. Leben und Werk. Rüschlikon 1947.

Roner, Anna (Hrsg.): Die Frau im Musikberuf. Zürich 1928.

Rutz, Hans (Hrsg.): Joseph Haydn. München 1953.

Schmiedel, Gottfried: Peter Schreier. Berlin 1982.

Schnabel, Artur: Aus dir wird nie ein Pianist. Hofheim 1991.

Schweizerische Musikzeitung: Nrn. 34–36. Zürich 1907.

Spychet, Jérôme: Clara Haskil. Lausanne 1984.

Strawinsky, Igor: Erinnerungen. Zürich 1937.

Ulbrich, Hans Martin: »Ihre Pfötchen waren grossartig«. Zürich ³2006.

Waldemar, Charles: Menschen mit und ohne Maske. Zürich 1949.

Wegeler, Franz Gerhard / Ries, Ferdinand: Biographische Notizen über Ludwig van Beethoven. Coblenz 1838.

Welser, Möst, Franz: Kadenzen. Aufgez. von Wilhelm Sinkovicz. Wien 2013.

Widmann, Josef Victor: Erinnerungen an Johannes Brahms. Zürich 1980.

Willimann, Joseph: Der Briefwechsel zwischen Ferruccio Busoni und Volkmar Andreae 1907–1923. Neujahrsblatt der Allgemeinen Musikgesellschaft Zürich auf das Jahr 1994.

Abbildungsnachweise

Personenregister

Danksagung

Olga Černá, Prag
Alain Girard, Bienne/Biel
Christoph Gerbeth, Dresden
Bernard Hennequin, Cavalaire sur Mer (Var)
Felix Mildenberger, Paris
Peter Morris, Wolverhampton GB
Eberhard Müller-Steineck, Berlin
Alfred Pollard, Cheshire GB
Erich Singer, Luzern
Gottfried Wagner, Cerro Maggiore/Milano
Yaltah Worlitzsch, Hamburg

Zum Herausgeber: Hans Martin Ulbrich entstammt einem musischen Elternhaus. Er wuchs auf in Basel, im Dreiländereck, studierte dort Oboe und Englischhorn, lebte und wirkte als junger Musiker in Paris und in Deutschland, schrieb zeitlebens Texte, veröffentlichte Lyrik und Prosa. Seine Lebensstelle trat er als Englischhornist und Oboist im Tonhalle-Orchester Zürich an, dem er einundvierzig Jahre angehörte. Zu Beginn dieses Zeitabschnitts wurde er als Instrumentalist vom Dirigenten (und Oboisten) Rudolf Kempe persönlich in prägender Weise gefördert. Ulbrich unterrichtete an der Musikhochschule Zürich und in vielen Ländern. In seinem reich erfüllten Musikerleben sammelte er zahlreiche kurze Musikergeschichten, was ihm den Ruf eintrug, ein ›Denkmalpfleger von Begebenheiten‹ zu sein.